»Der Akt des Gehens ist für das urbane System, was die spontane Äußerung für die Sprache ist.«

frei nach Michel de Certeau

9 Zeichnungen aus der Serie:
BEWEGUNG AN 178 TAGEN
11.8.2017 – 5.2.2018
je 17,4 × 14 cm, Bleistift auf Papier

Durch tägliche Notizen von Bewegungen – Bewegungen im Raum, Gedanken- und Gefühlsbewegungen – entstand eine Serie subjektiver Landkarten in insgesamt fünf Büchern. Ist das Zeichensystem bekannt, sind die abstrakten Muster lesbar – die Tage lassen sich von den Zeichnungen zurück in Erinnerungen verwandeln. Manche Zeichen wiederholen sich, manche verformten sich nach einer Zeit und neue entstanden. Die Muster formierten sich mit den Bewegungen täglich neu.

LIN NOWICKI
hat Design und Raumstrategien studiert. Sie arbeitet als Künstlerin und Grafikdesignerin in Berlin. *linnowicki.com*

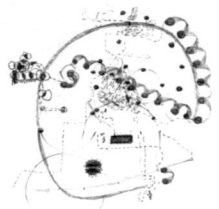

UMSCHLAGVORDERSEITE:
MITTWOCH, 11. OKTOBER

66 OLAV AMENDE, *1983 studierte Literaturwissenschaft an der Universität Leipzig. Er schreibt und inszeniert Theaterstücke und veröffentlicht Texte in diversen Literaturmagazinen und Zeitungen. Derzeit inszeniert er am Anhaltischen Theater Dessau sein neues szenisches Projekt *Zwischen Sonnen*. olavamende.com

59 HANNAH BECKMANN, *1993 studiert Medizin, bald Literarisches Schreiben und wohnt in Hamburg. Manchmal aber auch in Indien.

14 NADIRE Y. BISKIN, *1987 in Berlin studierte Philosophie und Spanisch an der Humboldt-Universität zu Berlin und an der Universität Alicante. Sie schreibt journalistische und essayistische Texte sowie Lyrik und Prosa, die in verschiedenen Magazinen und Anthologien veröffentlicht werden. Ihr letzter prosaischer Beitrag »Borderline« erschien in *Flexen – Flâneusen* schreiben Städte* (Verbrecher Verlag).

90 ANNA FEDOROVA, *1992 in Charkov (Ukraine), lebt in Berlin. Studium der Kunstgeschichte, Philosophie und noch viel mehr. Mitbegründerin des Schreibkollektivs Dichterkammer in Tübingen. Veröffentlichungen u. a. in Lyrik von Jetzt 3 und trash[pool.

30 ANNA HETZER, *1986 lebt seither in Berlin, schreibt Lyrik und Essays. Zuletzt erschien *Kippbilder* im Verlagshaus Berlin (2019). Mit dem Lyrikkollektiv G13 erkundet sie Formen des kollektiven Schreibens. Mit Künstler*innen der Neuen Musik arbeitete sie zuletzt für eine Konzertreihe für Neue Vokalmusik, sowie mit Gebärdenpoet*innen im Projekt handverlesen.

| 44 | CARLA KASPARI |
| 92 | CHRISTIAN WÖLLECKE |

AUTOR*INNEN

4 **ANNEKE LUBKOWITZ**, *1990 studierte Vergleichende Literaturwissenschaft und Englische Philologie in Berlin und Edinburgh. Sie hat über das britische Nature Writing promoviert und lebt, schreibt und wandert in Berlin. Im Januar 2020 erschien die von ihr herausgegebene Anthologie *Psychogeografie* bei Matthes & Seitz.

74 **MARIE-LOUISE MONRAD MØLLER** *1986 in Odense, studierte Musikwissenschaft und Kunstgeschichte an der Uni Leipzig, 2019 Promotion in Kunstgeschichte. 2018 Studium Literarisches Schreiben in Hildesheim und 2019 bis Sommer 2020 am Schweizerischen Literaturinstitut in Biel.

32 **JONAS RUMP** schreibt Erzählungen und Essays, lebt in Berlin und hat nicht wirklich am selben Tag Geburtstag wie Jürgen Klinsmann, die Behauptung hat dem Text aber literarisch gut getan.

24 **LEA SAUER** Studium Deutsches Literaturinstitut Leipzig. Promotion in französischer Literaturwissenschaft in Siegen / Valenciennes. Veröffentlichungen u. a.: SuKuLTuR, BBC Radio, BLOCK Magazin sowie ZEIT Online, der Freitag und Deutschlandfunk. Mitherausgeberin der Anthologie *Flexen – Flâneusen* schreiben Städte* (Verbrecher Verlag). Zurzeit arbeitet sie an ihrem ersten Roman.

38 **JENNY SCHÄFER**, *1985 geht viel. Beim Gehen geht es zumindest weiter. Am 1. April 2020 erschien ihr Erzählband *String Figures* bei SuKuLTuR.

46 **PAUL SCRATON**, *1979 in Lancashire, Nordengland, ist Herausgeber des Magazins *Elsewhere* und Autor mehrerer Bücher über verschiedene Landstriche in Deutschland. Darunter *Ghosts on the Shore. Travels Along Germany's Baltic Coast* (Influx Press) und *Am Rand: Um ganz Berlin* (Matthes & Seitz). Sein Debütroman *Built on Sand* erschien 2019 bei Influx Press. Scraton lebt in Berlin.

19 **DAVID WAGNER**, *1971 lebt als Schriftsteller in Berlin und geht gern spazieren. Zuletzt ist von ihm *Der vergessliche Riese* (Rowohlt) erschienen, das mit dem Bayerischen Buchpreis 2019 ausgezeichnet wurde.

50 **JAN WILM** lebt als Schriftsteller und Übersetzer in Frankfurt am Main. 2016 erschien von ihm das Buch *The Slow Philosophy of J. M. Coetzee*, 2019 sein Roman *Winterjahrbuch*.

12 **RON WINKLER**, *1973 lebt in Berlin. Sein Werk umfasst vor allem Lyrik. 2017 veröffentlichte er seinen aktuellen Gedichtband *Karten aus Gebieten*, 2018 erschienen *Silbersteinbriefe*.

56 **JOCELINE ZIEGLER**, *1997 hat Philosophie und Neurowissenschaften studiert und macht zurzeit einen Master in Digital Health. Sie hat u. a. in manuskripte veröffentlicht und 2019 auf dem Internationalen Lyrikfestival Basel gelesen.

inhalt

Unter den Pflastersteinen, über dem Nebelmeer

Ich komme nicht in den Traumraum. Das sagt jedenfalls Maria, am Ende der zweiten Sitzung, und sie muss es wissen, denn das ist ihr Job. Sie sagt es und ich fühle mich wie in einem Videospiel, sagen wir *Dark Souls*, wenn mein Avatar vor einem Portal in eine neue Welt steht und ich gespannt wie ein Flitzebogen auf die weite, ohne Zweifel grandiose Landschaft, die sich gleich vor mir öffnen wird, auf den Bildschirm starre, und plötzlich ist da dieser Wächter, und ich darf nicht durch, weil ich einen Teil der Quest noch nicht gelöst habe. Dabei ist Corona, und ich kann gar nicht genug von neuen Räumen kriegen; in den letzten Wochen habe ich gegen die Enge in meiner Brust schon jede Ecke meiner Wohnung und meines Kiezes in Berlin drei- und vierfach wiederentdeckt, putzend, entrümpelnd, spazierend; sogar in meinen nächtlichen Träumen tun sich unerwartet immer neue Zimmer auf, Wintergärten hinter Schranktüren, Gänge am Ende von Gängen. Aber, wenn es stimmt, was Maria sagt, ist mir auf dem Weg hierher irgendwie die innere Träumerin, meine eigene kleine Romantikerin abhanden gekommen, und sie, nur sie, hat den Schlüssel zum Traumraum. Ich staune.

Das kann schon mal passieren, sagt Maria behutsam. Wir alle lernen in der Schule, rational zu sein und auf die Vernunft und nicht auf unser Herz zu hören. Wenn wir Stress haben, wird auf Überleben umgeschaltet und dann ist kein Platz mehr fürs Träumen. Die Zynikerin in mir zuckt kurz, trotzdem kann ich mich nicht gegen das Gefühl wehren, auf ganzer Linie versagt zu haben. Ich war doch immer Weltmeisterin im Träumen. Wie konnte ich nur meine innere

Romantikerin im Stich lassen? Ich stelle sie mir in etwa vor wie Caspar David Friedrichs *Wanderer über dem Nebelmeer*, nur weiblich. Lange, wehende Haare, vermutlich ein Mantel über einem Kleid aus festem Stoff. Zehn Jahre bevor Friedrich die berühmte Figur auf seiner Leinwand erschuf, bestieg die französische Bauernmagd Marie Paradis als erste Frau den Montblanc. Was sie dabei anhatte, ist nicht überliefert. Bilder existieren nur von ihrer Nachfolgerin, der Adeligen Henriette d'Angeville, die den Gipfel 1838 erklomm. Sie trug einen dick wattierten Rock über Pumphosen und sieht damit auf den Abbildungen gleichzeitig majestätisch und wie ein Pinguin aus. Friedrichs Wanderer steht natürlich nicht auf dem Montblanc – das wäre auch sehr ungemütlich, leicht bekleidet, wie er ist. Er steht – und ich habe beschämend lange gebraucht, um zu begreifen, dass die zerklüftete Landschaft, die durch den Nebel hindurch zu erahnen ist, nicht komplett Friedrichs Vorstellungskraft entsprungen ist – auf einem Gipfel im Elbsandsteingebirge. Ich musste erst mit eigenen Augen sehen, dass sich die dramatischen Nebelschwaden und schwindelerregenden Felsformationen genau auf die gleiche Art verhielten wie auf dem Bild, bevor der Groschen fiel. Jetzt macht es noch einmal Klick. Natürlich. Um meine innere Romantikerin wiederzufinden, muss ich raus, ins Freie, in die Natur. Wohin auch sonst.

An diesem sonnigen Aprilmorgen kommt mir der Gedanke ans Reisen ebenso unwirklich vor wie die Schwärme blitzender Fahrradhelme, die unter meinem Balkon Richtung Stadtgrenze ziehen. Die Flucht aufs Land scheint heute, wenn man Menschenmengen vermeiden und das Abstandsgebot wahren will, keine Option zu sein. Friedrichs Sehnsuchtsort, die Sächsische Schweiz, bekam ihren Namen angeblich von in Dresden lebenden Schweizern, die die heimatlichen Alpen mithilfe ihrer Vorstellungskraft kurzerhand an die Elbe versetzen. Genau so muss es doch möglich sein, denke ich, das Elbsandsteingebirge nach Berlin zu teleportieren. »Unter den Pflastersteinen wartet der Sandstein«, passe ich kurzerhand die bekannte Liedzeile von K.I.Z. meinem Vorhaben an. Mit pinken Laufschuhen, schwarzer Regenjacke und gelbem Rucksack sehe ich zwar nicht so elegant aus wie Friedrichs Mensch gewordenes Gipfelkreuz, bin dafür aber besser ausgerüstet. Der Hikeline-Wanderführer für den Malerweg (»Beeindruckende Rundtour im Elbsandsteingebirge in der Sächsischen Schweiz«) ist griffbereit, die Seiten verklebt, nachdem der Nebel der letzten Wanderung sie durchfeuchtet hat. Ich werde der in der Karte eingezeichneten Route von Liebethal zum Basteifelsen folgen und dabei dem Strom der Osterspaziergänger entgegen ins Herz der Stadt wandern – um sie zu finden, meine innere Wanderin im Nebelmeer.

Es ist noch nicht allzu spät am Morgen, als ich aufbreche, die Sonne strahlt und die Luft ist frisch. Am Startpunkt meines Weges haben sich trotz des Kontaktverbotes mehrere Männer versammelt, einer hat eine Angelrute in der Hand, ein anderer trägt ungeachtet der Kühle sportlich anmutende Shorts. Sie sehen aus, als hätten sie sich auf eine Landpartie im Liebethaler Grund verabredet, wären dann aber versehentlich im Wedding rausgekommen. Wikipedia erwähnt einen »Landschaftspass, den Friedrich für das Zeichnen der Sächsischen Schweiz benötigte«. Dabei denke ich an die Fangerlaubnis, die mein Vater Saison für Saison vom Angelverein ausgestellt bekam, um aus den Gewässern der Gegend Fische holen zu dürfen. Die Nutzungsrechte an der Schönheit der Berliner Stadtlandschaft wiederum sind offenbar gemeinfrei. Die Männer lassen mich durch mit Feiertagsmiene, die Ampel schaltet auf Grün, und schon umfängt mich die Stille der Steegerstraße. Das Licht der Sonne fällt schräg durch die Äste der zu beiden Seiten der Straße aufragenden Linden. Die Blätter an ihren Zweigen winzige grüne Leuchtpunkte, als hätte jemand irgendwo auf einem Balkon eine Diskokugel aufgehängt. Blutpflaume und Mahonie blühen im Schatten der Häuser und ihr Duft trifft mich so unerwartet wie das von den Wänden verstärkte Vogelgezwitscher. Statt des »größten Richard Wagner-Denkmals der Welt« steht vor der Grünfläche der ehemaligen Arbeitersiedlung die rohe, halb von Schlehenbüschen bedeckte Steinfigur einer Frau mit Reh und Kind.

Als ich aus dem Schatten heraustrete, brennt mir die Sonne in den Nacken, ich muss meine Jacke ausziehen. Mitten im Irrgarten der Wohnhäuser hat jemand auf einem Fensterbrett mit einer Handvoll aufeinandergestapelter Steine eine schöne Aussicht markiert, als hätte diese Person gewusst, dass ich hier Ausschau halten würde nach dem malerischen Blick auf die Lochmühle, von der die Schriftstellerin Elisa von der Recke schon 1790 in ihren Tagebüchern schwärmte: »Kaum ein Maler vermag die reizenden Baum-, Wasser- und Felspartien darzustellen, meine Feder ist zu schwach, die schauerliche Anmut um Liebethal zu beschreiben, doch meiner warteten noch schauerliche Gegenden, und so mußte ich mich vom rauschenden Wasserstrome der einsamen Mühle loßreisen.« Das für mich deutlich vernehmbare Rauschen kündigt allerdings nur die Osloer Straße an, die ich überquere, um gleich in die Grüntaler Straße einzubiegen, die ihrem Namen alle Ehre macht. Wo ehemals die Eisenbahnstrecke Richtung Stettin verlief, gehe ich nun über ausgedehnte Rasenflächen. Ich entspanne mich augenblicklich. Kaum Autos, ein paar Leute genießen auf den Parkbänken die Sonne. Ich blinzle verwirrt. Die Menschen mit ihren gewaltigen Rucksäcken und Isomatten scheinen sich aus dem Wald in meiner Vorstellung hierher verirrt zu haben.

Ich folge dem freundlichen Grünzug, in dem sich Gestein und Vegetation harmonisch abwechseln, weiter Richtung Süden. Der geologisch interessierte Pastor Wilhelm Leberecht Götzinger, der 1804 einen der ersten Wanderführer über die »sogenannte Sächsische Schweiz« veröffentlichte, war fasziniert davon, wie in dieser Gegend das Menschengemachte und das natürlich Geformte oft kaum zu unterscheiden waren. »So glatt an ihren Seiten, als hätte sie die Kelle des Maurers abgeputzt«, beschrieb er die Felswände der Bastei, und ich versuche, mit einem Zusammenkneifen der Augen wie er die Grenze zwischen Natur und Kultur verschwimmen zu lassen. Eine Grenze, die auch eine politische ist. Den unbehauenen Fels zog der bürgerliche Naturliebhaber (damals: dunkler Gehrock, heute: farbenfrohe Jack-Wolfskin-Jacke) der überlaufenen Stadt vor, weil man sich dort ganz der Einsamkeit hingeben konnte, das heißt, seine Ruhe vor den ökonomisch und kulturell Minderbemittelten hatte. Dabei war der stumme Stein weder im Gebirge noch verbaut in der städtischen Architektur je unpolitisch. Das Beispiel des »Landschaftspasses«, der Friedrich ausgestellt wurde, veranschaulicht, dass ihn zu malen, gar zu sehen, ein Privileg war, geknüpft an gesellschaftlichen Status, finanzielle Mittel und frei verfügbare Zeit.

Nachdem ich die Badstraße überquert habe, laufe ich über den frisch erblühten Blochplatz erst in die Böttger- und dann in die Hochstraße und finde mich in einer wildromantischen Szene wieder. Zu meiner Linken fällt das Land steil zu den S-Bahn-Trassen ab, aus deren Schatten sich der Berg des Humboldthains erhebt. Über den frisch ergrünten Baumwipfeln thronen die beiden Flaktürme, eine Fußgängerbrücke wölbt sich delikat über den Abgrund. Zu meiner Rechten ragt die Outdoor-Wand der Magic-Mountain-Kletterhallen in den blauen Himmel. Die Bäume des Humboldthains bleiben zu meiner Linken, als ich in die Wiesenstraße einbiege. Das dunkle Schimmern des Asphalts bildet einen hübschen Kontrast zum hellgrünen Flor der Blätter. In der Hussitenstraße biege ich in eine Schlucht aus Fassaden ein, die grell das Sonnenlicht reflektieren. Nur vereinzelt blüht oder tschilpt hier ein Busch.

Der Wanderführer leitet mich über einen versteckten Weg in eine Hinterstraße, die plötzlich den Blick freigibt auf eine glatt aufragende graue Wand. Mein Uttewalder Grund ist die Gedenkstätte der Berliner Mauer. Ich laufe im Schatten des zerfressenen Betons entlang und traue mich nicht, die raue Oberfläche zu berühren, aus der hier und da verrosteter Stahl ragt. Kaum ein Auto auf der Bernauer Straße, weit und breit nicht eine Touristin. Mineralische Stille. Götzinger, der erdgeschichtlich begeisterte Pfarrer, erschauerte in den Sandsteinschluchten vor der Tiefe der Zeit, den Kräften eines Urmeers, die den Felsen in so sonderbare Formen geschliffen hatten. Ich erlaube mir einen Moment, mich ähnlich andächtig vor den Kräften zu gruseln, die diesen Ort schufen. Der Weg muss sich den Gegebenheiten des Geländes anpassen und macht am Fuße des Mount Mitte einen Haken in den Park auf dem ehemaligen Grenzstreifen. Ich wandere durch ein lichtes Birkenwäldchen, schrecke eine Ringeltaube auf, die es sich in der Krone einer Kiefer bequem gemacht hatte. Rechts und links des Pfades sind mir unerklärliche Türme aus ockerfarbenen Steinblöcken aufgeschichtet, es duftet nach warmem Fels und Kiefernnadeln. Durch den Zaun, der den Park von der Wildnis trennt, die an die S-Bahn-Gleise grenzt, kann ich zwischen den Bäumen ein Campingzelt erkennen.

Widerstrebend verlasse ich diese unerwartete Idylle, um der Liesenstraße zu folgen. Mein Reisehandbuch kündigt auf der Höhe der Total-Tankstelle das Städtchen Wehlen an. Hier herrscht geschäftiges Kommen und Gehen; ich erinnere mich daran, dass ich Abstand halten muss. Noch nie in der langen Zeit, die ich in der Großstadt lebe, habe ich so empfindlich auf Menschenansammlungen reagiert. Ist das vielleicht ein Zeichen, dass ich meiner inneren Romantikerin näher komme? Um ans Elbufer zu kommen, laufe ich vorbei an den festungsartigen Gebäuden des BND, über das Kopfsteinpflaster der Kleinen Straße und stehe mit einem Mal direkt am tiefblauen Wasser des Berlin-Spandauer Schifffahrtskanals. Auf der Aussichtsplattform setze ich mich auf eine Bank, nehme einen Schluck aus meiner Trinkflasche und beobachte ein Blesshuhn, das ein Dreieck in die Wasseroberfläche fräst. Über mir fliegt ein Kormoran nach Süden, Richtung Spree. Ein radelndes Pärchen genießt mit mir die Aussicht. Als ich den Blick zur Kieler Brücke schweifen lasse, entdecke ich zwei Stand-up-Paddler, ihre Reflektionen kopfüber im spiegelglatten Wasser. Am anderen Ufer haben drei Mittzwanziger neben einer Baustelle einen Grill aufgestellt, der Rauchgeruch zieht herüber. Hinter ihnen eine neu hochgezogene Wand aus weißen Kanten und Glas, Luxuswohnungen mit großen Balkonen, von denen aus man auf die Balkone der Luxuswohnungen auf dieser Seite schaut. Die ebenfalls naturgeschichtlich bewanderte Von der Recke stellte bei ihrem Besuch in Wehlen fest, »daß die beiden Seiten der Elbufer so gleich geschichtet sind, daß man vermuthen muß, nur eine gewaltsame Kraft konnte ihren Zusammenhang zerreißen«. Erst die Gedenktafel auf dem Invalidenfriedhof erinnert daran, dass die Berliner Mauer auch hier, entlang des Kanals, verlief. Mein Weg führt mich vom Invalidenfriedhof weiter an der Uferpromenade entlang; kurz vor der Spreemündung biege ich nach links in die Invalidenstraße, dann rechts in die Hessische Straße. Ich suche meinen Weg durch dieses Labyrinth Stein gewordener Macht; schroff heben sich Silhouetten von Ministerien, Bibliotheken, Museen und der Charité vom Himmel ab, nur wenig Grün blitzt zwischen den eigentümlich geformten Steinblöcken auf. Noch weniger Menschen und Autos. Ich kann teilweise ungestört mitten auf der Straße laufen, ein Radfahrer und zwei Inline-Skaterinnen in knallbunter Funktionskleidung umfahren mich, ohne eine Miene zu verziehen. Ich bin kurz davor, sie nach Wanderinnenart zu grüßen. In der sonst so belebten Friedrichstraße sind nur vereinzelt Leute unterwegs, sie wirken zwischen den verwaisten Restaurantterrassen, den geschlossenen Läden und Cafés seltsam ratlos, wie wenn man auf dem Weg in ein anderes Zimmer plötzlich vergisst, was man dort wollte. Auch hier: feierliche Stille. An der Einmündung der Oranienburger Straße höre ich einen Zilpzalp, den ich erst später mithilfe von YouTube identifizieren werde; er klingt genau so, wie er heißt. Ich habe mein Ziel fast erreicht. Die dritte Abzweigung links, und dann »können Sie den Eindruck der Felsformationen und der Basteibrücke tief auf sich wirken lassen«.

War man je in der Sächsischen Schweiz, versteht man sofort, warum Sandstein ein beliebtes Baumaterial für Gebäude ist, die Autorität vermitteln sollen. Hier, einen Katzensprung entfernt von der Paradestraße Unter den Linden auf der einen und dem Regierungsviertel auf der anderen Seite, ist die Konzentration von Sandsteinfassaden hoch. Das Brandenburger Tor und der Reichstag bestehen zu großen Teilen daraus, ebenso wie viele der Gebäude auf der Museumsinsel. Woher der Sandstein nach Berlin kam, hängt, wie mir die Geologin Gerda Schirrmeister ein paar Tage später am Telefon erklären wird, von politischen und logistischen Erwägungen ab. Unter Friedrich II., der mehrfach Krieg gegen das Kurfürstentum Sachsen führte, wurde der Sandstein hauptsächlich aus Schlesien bezogen, obwohl der Transport von dort umständlich war. Nach dessen Tod erlebte der Elbsandstein in Berlin jedoch eine »Blütezeit«, verrät der Geologieführer *Naturwerksteine in Architektur und Baugeschichte von Berlin*, da er über die Wasserwege einigermaßen problemlos in die Hauptstadt geschifft werden konnte, bevor mit dem Ausbau des Eisenbahnnetzes der schlesische Sandstein erneut in Mode kam. Schinkel nutzte für den Bau der Neuen Wache (die im gleichen Jahr fertiggestellt wurde, in dem *Der Wanderer über dem Nebelmeer* entstand) Postaer und für den des Alten Museums Reinhardtsdorfer Sandstein, der bei Wehlen und Königstein in der Sächsischen Schweiz abgebaut wurde. Während Stadtmenschen aus Berlin und Dresden Anfang des 19. Jahrhunderts in den Fußstapfen von Elisa von der Wecke und Caspar David Friedrich in die Sächsische Schweiz zu pilgern begannen, kam das Elbsandsteingebirge also gleichzeitig zu ihnen. Stein für Stein wurde es abgetragen, über Elbe, Havel und Spree verschifft und am Ziel zu neuen Formen aufgeschichtet. Für den Bau Berlins wurden ganze Berge versetzt.

Dazu noch einmal Götzinger, andächtig: »so hat man eine Aussicht, die alles übertrifft, was man bisher gesehn hat: Wie bezaubert steht man hier, und vergißt es, daß man an einem Abgrunde von mehr als 400 Ellen auf einem schmalen Felsenhorne [...] steht.« Ich stehe in gut viereinhalb Ellen Höhe auf der Weidendammer Brücke, unter mir fließt geruhsam die Spree, umspült zu meiner Linken die Museumsinsel, weit zu meiner Rechten, kaum erkennbar, das Reichstagsgebäude. Davor schwingt sich die majestätische Konstruktion der Eisenbahnbrücke am Bahnhof Friedrichstraße über den Fluss, in Wucht und Waghalsigkeit kann sie es mit der Basteibrücke durchaus aufnehmen. In luftiger Höhe erkenne ich dort auf dem Bahnsteig von mir abgewandt eine weibliche Gestalt. Sie trägt eine dunkle Regenjacke und ihre Haare wehen leicht im Wind. Sie stützt sich auf einen Trekking-Stock und schaut von mir abgewandt in die Ferne. Nirgends eine Spur von Nebel, aber es fühlt sich an, als würde sich in meiner Brust eine Landschaft öffnen, meine innere Sächsische Schweiz.

ANNEKE LUBKOWITZ

PHILIPP BÖHM

SCHELLEN-MANN

»Böhm ist ein Erzähler, der die Wiederverzauberung der Welt mit unheimlichen Stilmitteln betreibt. Ihm ist, unter anderem, ein Schauermärchen der Arbeitswelt gelungen. Sein Text geht dem Leser nahe und nach.«
Weser-Kurier

Hardcover, 224 Seiten, 20 €
ISBN 978-3-95732-374-3

VERBRECHER VERLAG
WWW.VERBRECHEREI.DE

PHILIPP BÖHM
SCHELLEN-MANN
ROMAN

alpine Störung III.5

RON WINKLER

ich gehe, gerate immer wieder in die Steine. gehe, falle mit dem Atmen
unter Luft. die seltenen Moose auf den Dämmen der Entseuchungsbecken.
ich gehe durch das weiße Rauschen auf der Farbenbank. ich
verwende mich für Dauerknospung, für ein normatives Abfließen
der Brachen in den Himmel (Wüstung aller Europäer).
ich gehe, schließe meine Hände
um den Gänsekrater, schließe mich an die Perkussionen
von Vogelkrallen auf Karosserien.
ich kann nicht durchs Salamanderfluchtportal.
doch ich kann gehen. die Sonne in die Schonung stauchen.
einen Baal durchmachen, bis das Licht mit letzter Kernkraft untergeht.

Tulpe

Narcissus und die Tulipan,
Die ziehen sich viel schöner an /
Als Salomonis seyde.

Paul Gerhardt,
Geh aus mein Herz und suche Freud

Man nennt mich Tulpe. Doch die Sprache braucht noch ein wenig, um das richtige Wort für mich zu finden. Manchmal gibt es Ideen als Wörter und es wird gewartet, dass die Welt das Passende dazu gebärt. Ich bin bereits auf der Welt, warte auf das Gebären der Sprache für mein Sein.

Man nennt mich Tulpe. Ich habe eine Tulpe. Manchmal um mein Gesicht rum, meistens auf meinem Kopf. Ich trage diese Tulpe und ungleich der Krone, die die Trägerin zur Königin macht, werde ich nicht zur Floristin.

Man nennt mich Tulpe. Meine Eltern gaben mir den Namen Tülin. Sie sehen, ich bin Tulipan, Tülin und Tülbent. Ich versuche mir das mit Buchstaben zu erklären, mir eine Kette zu basteln. Als Kettenverschluss hält der Turban hin.

Man nennt mich Tulpe. Ich sorgte im Jahr 1637 für eine Krise. Ich kam 1989 auf die Welt und hätte als Berliner Tulpe Ost und West vereinen können. Mein Rücken sollte eine Brücke sein. Stattdessen sorge ich wieder für eine Krise in Europa.

Man nennt mich Tulpe. Schalte ich den Fernseher ein, sehe ich mich nicht, sondern nur Nachrichten über Tulpen. Sie liegen am Boden. Den Boden sollen sie reinigen, keine Urteile sprechen, nicht lehren. Tulpen sollen belehrt werden. Mutter schaltet dann den Fernseher aus. »Das war schon immer so. Bereits als du eine Zwiebel in meinem Bauch warst, bespuckte man uns auf der Straße.« Ich werde zornig und würde gerne eine Werbung dafür schalten. Man würde mich im *Berliner Fenster* sehen und auf den Straßen. Nur eine Tulpe und ihre Vase.

»Ihr wollt mich in Neukölln einsperren, im Britzer Garten. Doch die Stadt gehört mir. Ich verhülle sie mit Tüll«, würde auf meiner Stirn stehen.

Man nennt mich Tulpe. Sie denken, ich sei eine Gartenpflanze, gehöre eingesperrt. Ich schalte den Fernseher aus. Der Fernseher erinnert mich an einen Sarg. Dann denke ich wiederum an Solingen und möchte raus. Ich möchte keine Fußketten aus Narben tragen.

Man nennt mich Tulpe. Auf der Straße blicke ich in liegende Fragezeichen, aus Augenbrauen und Pupillen. Sie fragen förmlich bei meinem Anblick, ob ich neu hier sei, dabei gibt es mich schon so lange wie die überschrittenen Grenzen und durchbrochenen Mauern der Stadt. Ich wachse mit den gläsernen Grenzen. Ich breche sie. Sie brechen mich. Doch die Mauer in ihren Köpfen möchte nicht fallen. Ich spüre, wie sie mir hinterherlaufen und mich fragen, wen ich mit »ihr« meine. Ich möchte mich umdrehen und ihnen »sana ne« unter die Füße legen. Mein »sana ne« würde zur Banane werden, auf der sie ausrutschen und ich würde nicht mehr ihr Fußabtreter sein.

Man nennt mich Tulpe. Senke ich meinen Kopf, um auf die Fragen in ihren Gesichtern nicht antworten zu müssen, sagen sie, die Tulpe hat nicht genug bekommen. Wir müssen sie mit nach Hause nehmen. Sie sagen, ihr Besitzer pflegt sie nicht. Oder sie sagen, die Tulpe muss in ihre Erde. Die Erde ist nicht hier, sagen sie.

Man nennt mich Tulpe. Lale sagt, irren ist menschlich, du irrst dich. Lale sagt, sie sind keine Tulpen. Sie brauchen kein Licht. Sie laufen im Dunkeln von A nach A. In ihren Kreisen tragen sie Sonnenbrillen. Ihr Tüll lässt sie uns nicht sehen. Sie überfahren uns. Sie schlagen mit Stöcken auf uns ein als wären wir Piñatas. Sie sehen in uns Zelte.

Man nennt mich Tulpe. Ich gehe auf. Lale ist verwirrt, sage ich. Wir sind die Zelte auf der Straße, sage ich. Unsere Zelte sollten Schutz bieten, sage ich. Jetzt zünden sie uns mit unseren Zelten an, sage ich. Sie möchten in unsere Zelte eindringen und trauen sich nicht, sage ich. Sie möchten »Apfel, Erdbeere oder Kokos?« gefragt werden und trauen sich nicht an der glühenden Kohle und dem mit LED-Blau durchtränkten Rauch vorbeizulaufen. Sie wechseln immer die Straßenseite, aber nie die Perspektive.

Man nennt mich Tulpe. Lale und ich sind in Gefahr, ob zu Hause oder auf der Straße. Wir ertragen es. Sie wollen unsere Blüten ausreißen. Sie verstehen nicht, Blüten wachsen nach. Auf hartem Beton, zwischen Kopf, Stein und Pflaster.

Man nennt mich Tulpe. Ich sollte niemals einzeln, am besten in Gruppen gepflanzt werden. Ich gehe alleine. Auf der Straße verwechselst du mich mit meinen Schwestern. Für dich sind wir nur in der Mehrzahl existent, aber ohne Mehrwert.

Man nennt mich Tulpe. Der rechte Wind weht mich zu Boden. Der Wind aus dem Süden lässt mich stolzieren. Ich schwanke täglich im Gegensatz zur konstanten Gefahr.

Man nennt mich Tulpe. Von hier oben beobachte ich die Straße. Ich habe Wasser in meiner Hand. Laufe auf dem Band. Fahre Rad auf der Stelle. Dehne meine Muskeln. Hier kann ich mich frei bewegen. Hier perlt kein Blut auf Beton. Hier perlt salzig-warmer Schweiß.

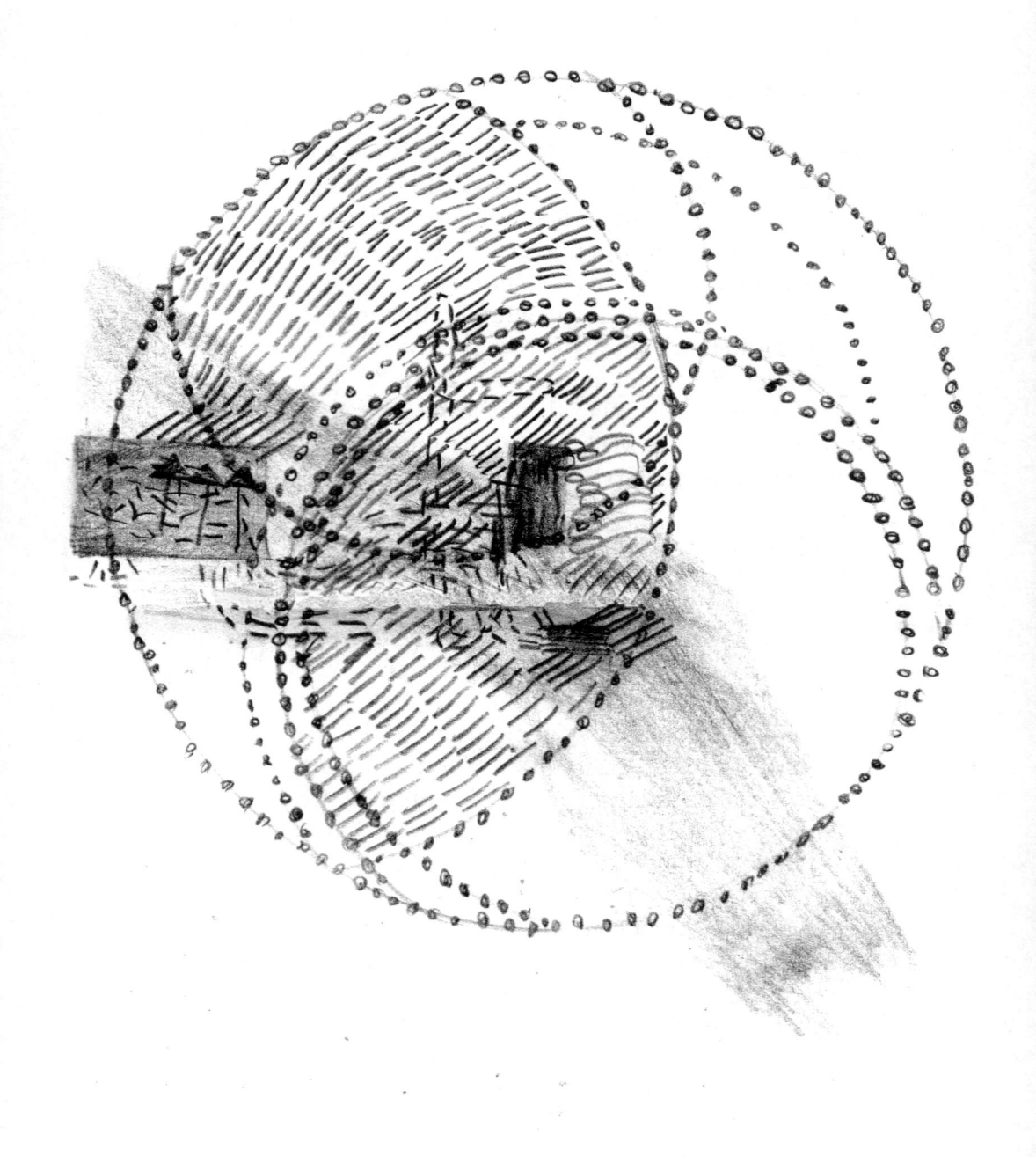

SAMSTAG, 7. OKTOBER

Osterspaziergang

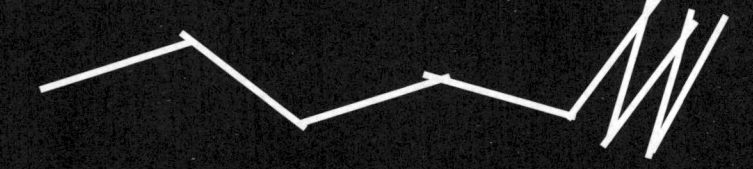

28. MÄRZ
»Hör auf, diesen Quatsch zu lesen, geh mal an die frische Luft«, hat meine Mutter früher oft zu mir gesagt. Jetzt höre ich auf ihre Stimme von einst, und gehe tatsächlich hinaus, zum ersten Mal seit Tagen. Ich drehe eine Runde und wundere mich über die vielen Menschen im Mauerpark. So viele sind auf einmal sportlich unterwegs, Laufbewegungen andeutend, hörbar keuchend. Zwei Krähen sitzen auf dem Zaun, der den überfrequentierten Teil des Parks von der noch immer nicht fertiggestellten Erweiterung trennt, auch sie scheinen sich zu wundern: Sonst ist hier doch alles anders, krächzen sie sich zu. Wo sind die Würste vom Grill? Wo bleiben unsere Freunde, die Flaschensammler? Und wo die Dealer?

3. APRIL
Ich bin vor der Tür, ich muss zur Apotheke. Wohl fühle ich mich nicht dabei, kommt mir vor, als ginge ich auf einer dünnen Eisschicht, die jederzeit einbrechen könnte. Ja, ich habe nun tatsächlich ein schlechtes Gewissen, die Wohnung zu verlassen. Muss ich wirklich hinaus? Andere Fußgänger – ich bin nicht mehr der einzige mit Mundschutz – weichen aus, wir machen große Bögen umeinander. Im Mauerpark sehe ich ein Teenager-Pärchen auf einer Bank vor der langen Graffitimauer sitzen, die Köpfe unter einem Kapuzenpullover zusammengesteckt. Machen sie das, frage ich mich, um sich zu küssen oder um ihre Handydisplays gegen die helle Frühlingssonne abzuschirmen? Hunde bellen, Vögel zwitschern und ein Polizeiauto fährt über die Wiese, die keine Wiese mehr ist.

4. APRIL
Kurz nach Mitternacht treffe ich Ingo an der Bernauer Straße. Wir begegnen uns mit Abstand, lassen mehr als zwei Meter zwischen uns und spazieren durch die leere Schwedter Straße bis zur Schönhauser Allee, über die Torstraße hinweg und die Alte Schönhauser hinunter bis zum Hackeschen Markt. Nirgends ist ein Mensch zu sehen. Auf der Oranienburger Straße wird die Neue Synagoge weiterhin bewacht, zwei Polizisten stehen dort und grüßen. Ab und zu fährt ein Auto an uns vorbei, insgesamt nicht mehr als fünf oder sechs, einmal eine leere Straßenbahn.

»Berlin ist wieder so leer, wie es in den frühen neunziger Jahren war«, sagt Ingo, als wir vor dem Ladenlokal stehen, in dem sich einmal, lange her, das Obst & Gemüse befand, damals ein Ort, um sich zu sehen und zu betrinken. Die Baustelle um die Tacheles-Ruine gegenüber liegt verlassen da – ob dort tagsüber noch gearbeitet wird am ganz, ganz neuen Berlin, mit dem es nun wieder vorbei sein könnte? Auf der leeren Torstraße gehen wir mitten auf der Fahrbahn, jeder hat eine Spur für sich, am schlafenden Rosenthaler Platz wartet ein einziges Taxi.

Ingo und ich haben uns während der letzten beiden Jahre oft spät in der Nacht getroffen, um für ein Buchprojekt durch Berlin zu spazieren, er mit zwei Kameras und Stativ beladen, ich mit einer Schildkröte an der Leine. Er hat dann fotografiert, wie ich mich von Kröti durchs menschenleere Berlin ziehen lasse, um die Siegessäule zum Beispiel, oder über die Stadtautobahn unter dem Steglitzer Bierpinsel.

»Jetzt hat die Wirklichkeit uns und unsere Spaziergänge mit Schildkröte überholt, Berlin ist jetzt tatsächlich ausgestorben.«

»Kröti hat das wohl geahnt. Sie wollte uns die Stadt schon mal so zeigen«, sagt Ingo.

Kröti, die Schildkröte, ist übrigens, obwohl wir beide uns einbilden, sie würde mit uns sprechen, keine echte Schildkröte. Sie ist ganz und gar aus Kunststoff.

Aus Fleisch und Blut hingegen ist die Füchsin, der wir auf dem Heimweg am Arkonaplatz begegnen. Sie steht auf der Wolliner Straße und interessiert sich nicht weiter für uns. Sie weiß, die Stadt gehört ihr schon.

6. APRIL

Die Sonne scheint, und ich muss dringend an die Luft. Und noch ist es ja nicht ganz verboten. Vor dem signalorangefarbenen, mittlerweile halb verfallenen Siebziger-Jahre-Schulgebäude in der Swinemünder Straße treffe ich Juliane, die ich unter ihrer selbst genähten Maske (kleine rote Herzchen auf dem weißen Baumwollstoff) kaum erkenne. Wir wollen uns aus sicherer Entfernung winken, wir sind einander keine Kontaktpersonen. Sie hat einen Zollstock mitgebracht, den sie nun, da ich fast neben ihr stehe, ausklappt.

»Diese 1,6 Meter bleiben zwischen uns, näher dürfen wir uns nicht kommen.«

»Sind das nicht zehn Zentimeter zu viel?«, frage ich.

»Sicher ist sicher. Außerdem lässt sich ein Zollstock nur in 20-Zentimeter-Schritten ausklappen.«

Jeder von uns behält sein Ende der 1,6 Meter in der Hand, so bewegen wir uns Richtung Humboldthain, die Bürgersteige sind glücklicherweise breit genug. Wo es nötig wird, schwenken wir aus dem Nebeneinander ins Hintereinander, der Zollstock überträgt Zug und Druck und ist dabei doch flexibel.

»Das ist der perfekte biegsame Abstandshalter, Juliane. Du hast das Zollstockspazieren erfunden!«

Alle, die uns entgegenkommen, lächeln uns an.

7. APRIL

Mein Vater, der vergessliche Riese, ist am Telefon, überraschenderweise, von sich aus hat er seit über einem Jahr nicht mehr angerufen. Er sagt – im Hintergrund höre ich eine befahrene Straße – er habe sich verlaufen und wisse nicht mehr, in welche Richtung er gehen müsse. Und wohin überhaupt. »Wo wohne ich noch mal?«

»Du darfst das Pflegeheim doch gar nicht mehr verlassen, Papa!«

»Pflegeheim? Welches Pflegeheim? Und wieso soll ich nicht spazieren gehen dürfen?«

Von Corona und dem Virus, über das wir uns gestern lange unterhalten haben, weiß er nichts mehr. Er hat es, sein Glück, schon wieder vergessen.

Nachdem ich ihn telefonisch in seine Residenz zurückgelotst habe – geh in die Richtung, in die der Rhein fließt, der Fluss muss rechter Hand liegen –, erinnere ich ihn noch an seinen Geburtstag, der dieses Jahr auf den Ostersonntag fällt.

»Leider können wir nicht kommen, dein Haus ist für Besucher geschlossen. Zu eurer Sicherheit.«

»Ach ja? Wegen dieses neuartigen Virus, von dem ich so viel lese?«

»Ja, Papa.«

»Nicht schlimm, kommt ihr halt nächstes Jahr.«

8. APRIL

»Heute Vormittag, ich war natürlich noch im Schlafanzug, hat mein Freund, der DHL-Bote, geklingelt«, erzähle ich Juliane, wir sind wieder mit dem Zollstock zwischen uns unterwegs.

»Und, was hat er diesmal gebracht? Ein Backblech? Noch einen Topf?«

»Nein, Entwicklungshilfe aus China: Meine Übersetzerin hat mir über ihre Universität einen Karton N-95-Atemmasken schicken lassen.«

»Die haben dort anscheinend großes Interesse an deinem Überleben. Pass auf, dass die Masken nicht beschlagnahmt werden!«

Hinter dem Gesundbrunnen-Center geraten wir in eine Kleingartenkolonie, durch die ich noch nie gegangen bin, ich staune.

»Terra incognita in deiner Nachbarschaft. Jetzt ist die Zeit, sie zu erkunden«, sagt Juliane.

Vor einem der Gärten schlägt eine Forsythie einen blühenden Bogen über dem Eingang, auf einem anderen Grundstück gibt es neben der Hütte noch ein ebenso großes Baumhaus, dicht über einer Armee von Gartenzwergen schwebend. Und in nicht wenigen Sträuchern hängen Ostereier zwischen sich zaghaft entfaltenden Blättern. Es sind Plastikostereier.

»Wie lange dauert das jetzt schon? Sind wir nun die zweite, dritte oder vierte Woche auf Pause?«, fragt Juliane.

»Weiß ich nicht mehr. Ich weiß nur, dass ich mittlerweile selbst von meinem Corona-Biedermeier genervt bin. Von der Apotheose des Rückzugs in die Häuslichkeit und all den Aufforderungen zur Besinnung. Ich möchte mich nicht mehr besinnen, ich möchte wieder raus, richtig raus und ganz nah an alles ran.«

»Bist du ein bisschen wütend, David?«

»Ja, Hashtag hatecorona.«

»Dir geht es doch gut«, sagt sie und erzählt von einer Freundin, die mit ihren zwei kleinen Kindern in einer viel zu kleinen Wohnung durchdrehe. »Die einen kaufen sich Nudelmaschinen, backen ihr Brot selbst und sortieren ihre Fotosammlungen. Die anderen kommen wegen der Kinder, oder weil sie im Krankenhaus oder an der Supermarktkasse arbeiten, zu gar nichts.«

Ja, ich erinnere mich an die Tage, als Martha morgens um halb sieben neben dem Bett stand und sagte: »Papa, spielen!« –, aber das verrate ich jetzt nicht, denn Juliane fragt, warum wir eigentlich nicht über die Toten sprechen: »Angeblich sterben in Deutschland ja so viel weniger als in anderen Ländern –, aber nun sind es doch auch schon über 2.000 Tote. Wer sind die? Wie heißen sie? Sonst, bei anderen Katastrophen, erfahren wir immer mehr über die Opfer, als wir wissen wollen. Warum nicht jetzt?«

»Die deutsche Industrie möchte nicht über Tote sprechen. Sie möchte wieder Autos bauen. Und verkaufen.«

»Karfreitag wäre doch eine gute Gelegenheit. Ostern dreht sich doch ums Leiden und ums Sterben.«

»Und ich dachte, es ginge um Osterhasen und die Auferstehung – aber die fällt dieses Jahr wohl aus.«

»Ist das nun unser Osterspaziergang?«

»Vermutlich schon. Vom Eise sind wir jedenfalls befreit, die Pflaumenbäume blühen, und die vierzig Tage Fastenzeit sind auch fast vorbei.«

»Sag mal, der handlungsarme Roman, in dem wir uns deiner Ansicht nach gerade befinden, komme ich in dem auch vor?«

»Selbstverständlich. Wir spielen alle mit. Alle zusammen.«

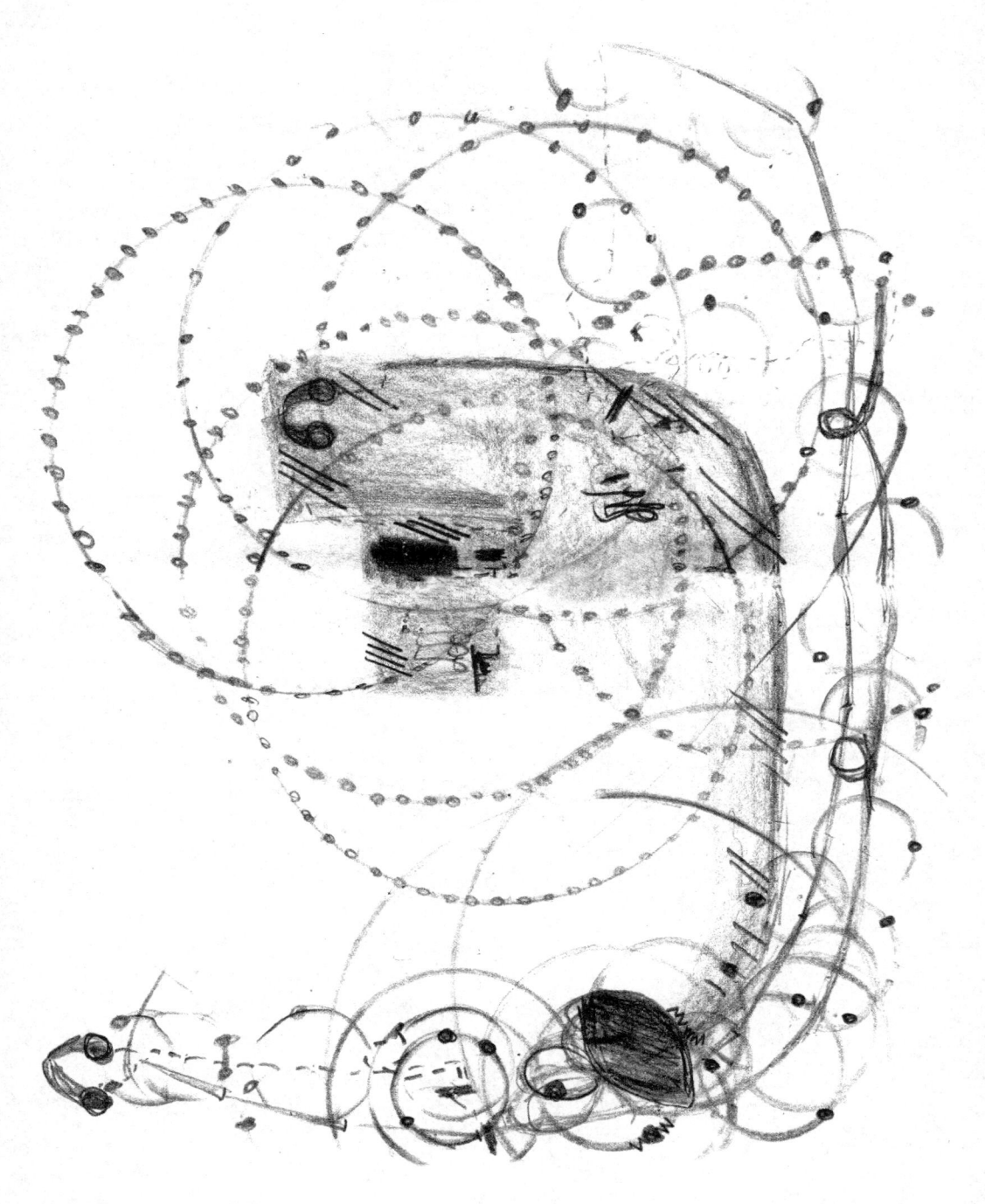

SONNTAG, 8. OKTOBER

Drei Snapshots für Pia (plus Zoom)

22.11.2019, 22:47
do you remember the place at the canal do you

22.11.2019, 23:01
yes i remember

22.11.2019, 23:02
yes yes

Snapshot: Pia und ich auf dem Place de la Bastille. Wir sehen total bescheuert aus, sie mit einer Jeansjacke von Wrangler über einem pinken Minikleid, weiße Stiefel, große Kreolen. Ich in einem Nadelstreifen-Vintage-Hosenanzug, viel zu weit, ein Plastikshirt mit dem Aufdruck CHANEL, toupierte Haare. Pia ruft: Wir sind in den 80ern in New York gefangen! Wir rennen über die Straße, ohne hinzugucken, Autos hupen, ist uns egal.

Snapshot: Pia und ich gehen durch das Viertel im Norden von Paris, wo wir für ein paar Monate so tun, als würden wir hier wohnen. Alles hier ist Museum. *La Piscine*, das gar kein Schwimmbad ist, sondern ein vollgefliestes Haus; *Le Petit Jardin*, der kein Garten ist, sondern eine von diesen Lottobars, wo Männer zu lange bleiben, um bei einem Kaffee frischgekaufte Hoffnungsträger für 2,50 € das Stück auf den Boden fallen zu lassen, wie Frischschnee; *L'École*, die keine Schule ist, sondern ein Betonklotz, aus dem, egal, wann man an ihm vorbeikommt, immer billiger Schranz dringt; *La Maison*, das kein Haus ist, sondern unsere Bruchbude, in der das Badezimmer nur durch eine Kellerluke zu erreichen ist, durch die wir uns auch bei Regen in Badeschlappen vom Castorama zwei Straßen weiter zwängen. Ich kenne dieses Viertel nur, weil wir hier herumgelaufen sind.

Snapshot: Pia sagt, sie wolle mir was zeigen. Im Supermarkt trägt die Kassiererin violett, auch im Haar, auf den Armen weiße Flecken, und schaut nicht auf, als sie unsere Sachen übers Kassenband zieht. Wir nehmen zwei Cola Zero und eine Tüte Chips, parfümbestäubte Männer in Security-Anzügen vorm Eingang, Schlagstöcke an den Ledergürteln, Walkie-Talkies daneben, oben Himmel, fest und starr. Ich sage, es macht mir Angst, dass hier überall Polizei ist. Pia sagt: Das ist keine Polizei. Ich frage: Warum haben sie dann Schlagstöcke? Die haben auch Pfefferspray, sagt Pia, falls nochmal sowas passiert wie am 13. November 2015. Ich frage nicht, was Schlagstöcke gegen Schusswaffen bewirken sollen, wie man bitteschön einem Angreifer Pfefferspray ins Gesicht sprühen soll, der gerade mit einer Schrottflinte auf einen zuläuft. Pia und ich gehen weiter. Auf dem ganzen Weg wird sie mir davon erzählen, wie schrecklich es war, damals, in dieser einen Nacht, allein gewesen zu sein. Dass sie es nicht ausgehalten hat, auf Aga, unsere dritte Mitbewohnerin zu warten, dass sie es ätzend fand, dass ich eine Woche vorher weggezogen bin, nichts davon mitbekommen habe, sie allein gelassen habe. Was nicht stimmt, zumindest nicht ganz. Aber ich erzähle ihr nicht, wie ich kauernd in meinem Bett in einer anderen Stadt, in einem anderen Land, auf dem Bett lag, und erst einschlief, als Aga am Morgen schrieb, dass sie jetzt zuhause sei. Ich zupfe mir nur schuldbewusst am Ohrläppchen herum und schaue auf Pia, die ihren Kopf abwendet und sich dann einen Chip in den Mund schiebt.

14.03.2017, 10:22
hey

15.03.2017, 13:47
hey

15.03.2017, 13:54
ive been to the canal yesterday you shoud come

15.03.2017, 13:54
come for a holiday

15.03.2017, 13:55
we could walk again

15.03.2017, 13:56
i mean we could talk no

Wenn ich an Pia denke, dann denke ich sie draußen. Ich denke an dieses eine Mal am Canal, ich denke an ein anderes Mal auf dem Place de la Bastille, ich denke an einen Supermarkt. Und daran, wie einfach es ist, sich hier an das zu erinnern, was wir gesprochen haben, weil es immer so wirkt, als hätten wir es gesagt, weil andere es an dieser Stelle vor uns gesagt haben. In Filmen, in Musik, weil es leicht ist, sich an eigene Erinnerungen zu erinnern, wenn sie hier stattfinden, an einem Ort, der allen gehört, scheinbar zumindest. Ich erinnere mich nur an das, was Pia gesagt hat, wenn wir zusammen unterwegs waren. Am Canal, bei Bastille, im Parc de la Villette, an einem See in der Nähe ihres Elternhauses. So als wäre da das was wir gesagt haben, der Text zu einem Rhythmus von uns. Schritt, Schritt, Schritt. Als würde nur die Bewegung das, was wir sagen, in mich hinein befördern und dort festsetzen. Ich kann mich an keine einzige Unterhaltung erinnern, bei der wir zuhause waren, bei der wir saßen, an kein einziges Café, keine Bar, nichts.

Es ist, als hätten wir so unser eigenes Skript geschrieben. Wir haben eine Kulisse gewählt, eine Route, einen Zeitpunkt. Wir sind gegangen, um uns zu unterhalten. Immer, wenn wir zuhause ankamen, im Haus, wussten wir beide, dass die Session beendet war. Jede von uns ging in ihr Zimmer, alles war gesagt worden, mehr war heute nicht drin, gute Nacht.

Ich denke an einen Aufsatz von Christian Kaiser: »Die Gehdenker und Gehschreiber nenne ich Peripathetiker, ihre Technik die peripathetische Methode.« Später dann die vier Phasen des peripathetischen Gehens: 1. Aufbruch: das Gehen in Gang setzen, 2. Gehen: erinnern, durchschreiten und loslassen, 3. Erkenntnis: sich selbst erkennen im Wechselspiel zwischen innen und außen, 4. Ankunft: die Heimkehr zu sich selbst. Er behauptet, dass das Schreiben und Gehen unmittelbar miteinander verwoben sind. Wir gehen, um zu denken, um zu schreiben, um uns selbst zu verorten.

Ich denke daran und es stimmt. Und ich denke daran und es stimmt gleichzeitig überhaupt nicht. Denn:

Zwei Jahre später nehme ich die 7. Neben mir hat jemand ein Fenster im Abteil geöffnet, das Eisen schabt schmutzig über die Schienen, es ist unglaublich laut. Einmal bin ich von der Arbeit die komplette Strecke von Süden nach Norden abgelaufen. Es dauerte drei Stunden und die letzten Kilometer lief ich in einer Dunkelheit, die schon etwas vom Herbst verriet, aber nur ein wenig, denn es war noch warm. In Aubervilliers steige ich aus, gehe an dem kleinen Hochhaus vorbei, was sich von den richtigen Plattenbauparks hier rüber verirrt hat. Jedes Mal steht an seiner Wand etwas anderes gesprayt. Heute: *La vie est belge*. Okay. Ich gehe an dem komplett gefliesten Haus vorbei, das Pia und ich immer *piscine* genannt haben, das Schwimmbad. Und dann ist es da. Es ist zwei Jahre her. Die

Fensterläden sind geschlossen, aber dahinter brennt Licht. Es ist niemand zu sehen und es ist auch vollkommen irrelevant; ich habe überhaupt keine Ahnung, wer jetzt dort wohnt. Das Haus sieht immer noch genau so aus wie immer. Über der Tür eine Ornamentfensterattrappe, Platz für Blumenkästen. Die Vermieterin hatte uns beim Einzug erzählt, dass die Häuser im Norden von Paris in den 70ern alle so gebaut wurden, damit sich die Arbeiter vom Land hier zuhause fühlen würden. Es wäre ganz einfach, reinzugehen, ich kenne noch diesen Trick, mit dem man das Gartentor auch ohne Schlüssel öffnen kann. Vielleicht würden hinten noch die Plastikstühle stehen. Da könnte ich mich hinsetzen und eine rauchen, so wie damals. Manchmal ein bisschen Gras, Wein. Ich überlege, wann Pia weggezogen ist. Vielleicht vor einem halben Jahr. Ich könnte reingehen und den neuen Leuten so lange das mit dem Zuhause für die Arbeiter erzählen, bis wir alle von Peinlichkeit berührt auf den Boden starren. Ich erinnere mich noch genau an seine Maserung. Auch an das Gefühl, wenn er den Hinterkopf berührt. Ich mache zwei Schritte auf das Tor zu. Es bringt nichts. Es wäre nicht dasselbe. Ich stehe ein bisschen so herum. Irgendwo hört jemand schrecklichen Technopop. Ich frage mich, welcher Song das ist und habe rein gar nichts, wirklich überhaupt nichts, mit diesem Ort zu tun. Keine Heimkehr zu mir selbst, nichts.

08.01.2018, 17:48
u should read culture of cities by lewis mumforf

08.01.2018, 17:48
mumford

08.01.2018, 17:48
time in the tricity

08.01.2018, 17:48
what does it say

08.01.2018, 17:48
time transfixed on various layers that coexist in cities

08.01.2018, 17:49
the prewar layer the early 20th century villas and manors

08.01.2018, 17:49:
in gdansk?

08.01.2018, 17:49
the layer when the city was german and when it was a free city on its own law

08.01.2018, 17:49
yes gdansk

08.01.2018, 17:50
there is the very visible blocks the communist layer

08.01.2018, 17:50
and the most recent capitalist layer the future is yet to come layer that seems like living language versus the former are dead

08.01.2018, 17:50
like latin

08.01.2018, 17:51
all of these transfixed time units the testimonies claim the truth about reality

Zoom: Das Haus von oben. Wenn ich es jetzt betrachte, reiht es sich in eine Reihe von gleichen Häusern ein. Zinndach an Zinndach. Häuser, die alle in diesem Stadtteil im gleichen Stil gebaut wurden, in den 70ern, wie uns unsere Vermieterin Fouziah einmal erzählte. Alle sehen sie mit den ornamentierten Fenstern aus wie Bauernhäuser aus der französischen Provinz, damit sich die Arbeiter vom Land dort zuhause fühlen würden, wenn sie in die Stadt kommen würden, um in den großen Fabriken der Vororte zu ackern. Daran denke ich jetzt. Niemand von uns wohnt noch dort, wir wohnen jetzt in Leipzig, Danzig oder Madrid.

Die Wahrheit ist: Ich bin seit Jahren nicht mehr dort gewesen. Die Wahrheit ist: Ich kenne noch nicht einmal mehr die genaue Hausnummer, ich habe vollkommen vergessen, wie es aussieht. Die Wahrheit ist: Ich schreibe das hier, weil ich *Rue Hélène Cochennec* bei *Google Maps* eingegeben und dann ein kleines gelbes Männchen auf die Stelle gesetzt habe, wo ich das Haus vermute. Die Wahrheit ist: Es war nicht an dieser Stelle, aber zwei Straßenecken weiter, da habe ich es dann gefunden. Vor dem Haus eine verschwommene Person mit verpixeltem Gesicht, von der ich plötzlich denke, dass es Pia sein könnte, aber egal wie sehr ich mich konzentriere, wie nah ich auch heranzoome, wie sehr ich die Augen verenge, ich sehe – nichts; ein leeres Gesicht. Pia und ich waren damals irgendwo in der Nähe an einem Stück Canal, aber die Wahrheit ist, ich weiß nicht einmal mehr, ob es dort war, in Paris, Polen oder woanders. Ich schließe das Fenster und bin plötzlich wieder, wo ich vorher war. Liegend, in einem abgedunkelten Zimmer im Leipziger Osten, das ich heute nicht mehr verlassen werde. Die Wahrheit ist: Ich liege hier und das alles, wir, dieses Haus, es existiert nur durch mich, durch andere Bewegungen, die ich in der Zwischenzeit gelernt habe: durch scrollen, durch wischen, durch schleifen. Nur so bewege ich mich durch die Orte, über

Karten, mit Fingern, mit blau ausgeleuchteten Augen, simultan, mit der Erinnerung an etwas, was mal war, irgendwann einmal, jetzt nicht mehr ist und auch nie wieder sein wird. Die Wahrheit ist: Es ist eine nachgebildete Bewegung, eine Bewegung im Raum, zurück.

Diese Bewegung ist die Bewegung im Jetzt.

Die Wahrheit ist: Die Bilder bei *Google Street View* sind von 2008, lange bevor irgendeine von uns dort war. Vielleicht sind wir Tricities, denke ich, *time transfixed on various layers that coexist*. Vielleicht auch nicht, wer weiß, und interessiert jetzt auch nicht.

Ich glaube, nicht nur wir sind in Bewegung, sondern auch alles andere. Trivialer Gedanke, aber man führe sich das vor Augen, bitte, stellen Sie sich das vor: Wir, Pia und ich, haben da unser eigenes Skript geschrieben, es in uns eingeschrieben, indem wir uns an diesen Orten bewegt haben, sie durchlaufen sind, als Kulisse. Und diese Kulisse bleibt. Was nicht bleibt: Wir als die Figuren, diese Konstellation. Mit der Veränderung der Bewegung verändert sich auch der Blick. Was nicht bleibt: Egal, wie sehr ich wische und scrolle, wir kehren nie wieder wirklich zurück. Diese Bilder sind eine Abbildung von der Kulisse, nicht von uns. Diese, unsere Snapshots, entstehen nur dadurch, dass wir uns in ihnen bewegen.

Ich klappe den Laptop zu und bleibe liegen, im Dunkeln, vor meinem Fenster eine Straßenlaterne. In ihrem Licht sehen die Insekten aus wie verwehter Regen, drinnen entrollt sich genau in diesem Moment ein Blatt an meiner Dieffenbachia.

Das schreibe ich Pia. Weil ich daran denke, dass es schön wäre, jetzt rauszugehen mit ihr und sich das anzuschauen, es wieder zu versuchen, mehr Snapshots zu bauen, die sich dann einbrennen können.

Die Wahrheit ist: Sie wird nie darauf antworten.

( )

SPAZIEREN IM AUSNAHMEZUSTAND: MINIATUREN

unsere hände, die sich beim gehen verlinken
durchbrechen den stummen blick in hopper-gemälden
von menschen, die wohnen wie zellkerne
tasten die eigenen wangen nicht, messen zwei schritte, drei
an jeder ecke ein schreckhafter ego-shooter
in den taschen eine elektrische fessel
die notrufe auslöst. baudelaire, mein bruder
hat sich angesteckt bei dir. heute bleiben wir
um handbreiten solo. toxisch der inhalt einer stadt
die ein terrarium geworden ist. lonely men in shirt-sleeves
leaning out of windows. oh eliot, auf jede lebenslage
klebst du ein zitat. die straßen sind gefahr geworden
mit sohlen am boden gerüstet als wäre er glühend
und immer noch ist die großstadt der sicherste ort
für smalltown boys *n girls.

PARADE

direkt nach der parade kommt eine armada räumschiffe
die mit zangen nach scherben greifen, spuren frei rollen
für den hupenden verkehr. die wichtigsten regeln hier:
aus dem schritt fallen. das geräusch einer teetasse von hannah gadsby
nicht vergessen, schlagadern der stadt besetzen
herzklopfen verstärken. flanieren im sechs- bis siebenstelligen bereich
fahnenmaste in grelle ausnahme versetzen. und die aus den fenstern zuschaun
der luftvibration beim vorbeiziehn der trucks. eine party mit kampfansage
wäre sie nicht wie weggefegt am kommenden morgen

Theorie des Schlurfens

Ich führe eine Liste mit Anfeindungen, die ich durch meine Art des Gehens erfahren habe.

Hier ist die erste Anfeindung: Ich bin in der elften Klasse des Gymnasiums Nottuln und wurde im Theaterkurs gerade für die Rolle des Mr. Webb in Thornton Wilders *Unsere kleine Stadt* ausgesucht. Schauspielern lag mir ungefähr so gut wie Kite-Surfen, ich hatte es noch nie getan. Zu der Zeit habe ich mich gerade in ein Mädchen aus der Großstadt verliebt, das J. D. Salinger im Original las und Gedichte mit Wörtern wie »perlmuttern« oder »zimtgrün« schrieb. Und wenn sie behauptete, dass Zimt grün ist, dann konnte ich auch schauspielern.

Mein großes Problem bei der Sache hieß Debora Fiedler. Sie saß bei den Proben immer neben der Kursleiterin, die schüchterne Referendarin mit den Sommersprossen, Frau Oschkowski, und maßregelte ihre Mitschüler. Niemand hatte sie dazu bestimmt, aber Frau Oschkowski war leicht zu bearbeiten und Debora eine Meisterin der schwarzen Magie. Mitmenschen herumzukommandieren war Quell ihrer Freude und Lebensenergie. Als sie einmal meinen leicht moppeligen und abhängig strukturierten Freund Philipp Tewes datete, verpflichtete sie ihn per handschriftlich festgehaltenen Vertrag, innerhalb von zwei Monaten zwanzig Kilo abzunehmen. Kopfsalat und Gerolsteiner Classic war alles, was er zu sich nahm. Und als er fristgerecht das gewünschte Gewicht auf die Waage brachte, machte sie trotzdem Schluss.

Zwei Wochen vor der Premiere saß der Kurs in einem großen Stuhlkreis zusammen, um ein Zwischenfazit zu ziehen. Frau Oschkowski war wegen eines familiären Notfalls entschuldigt, weshalb Debora die Sitzung leitete. Es gab zwei große Themen, die sie auf die Agenda setzte. Das erste Thema war, dass wir auf der Bühne alle lauter reden mussten, damit man uns auch auf den hinteren Zuschauerrängen hört. Das zweite Thema war, dass Jonas Rump schlurft. Es ist laut, es ist unangenehm und es nervt. Einvernehmliches Nicken in der Runde. Seit Wochen ginge das schon so. Nicht nur auf der Bühne. Eigentlich die ganze Zeit. Sie verstehe nicht, was so schwer daran sei, die Füße anständig zu heben.

Zu diesem Zeitpunkt hatte ich bereits eine ungefähre Ahnung, dass mein Gang anders war. Auf dem Weg zur Schule wurde ich öfters überholt und meine Schuhsohlen lösten sich schon nach wenigen Wochen auf. Aber hier begriff ich zum ersten Mal: Ich bin ein Schlurfer, and people don't like it.

Es gibt viele Formen des menschlichen Gangs, und der Schlurfgang ist wahrscheinlich die absurdeste. Jede menschliche Gangart – Laufen, Rennen, Schleichen, Spazieren, Flanieren, selbst Hinken – hat je nach Kontext eine nachvollziehbare Funktion. Aber Schlurfen ist erschreckend funktionslos. Mehr noch: Es ist unfunktional. Die Reibung zwischen Schuhsohle und Boden führt zu Widerstand. Es ist wie Gehen mit eingebauter Bremse. Was auch immer man für ein Ziel verfolgt, das Schlurfen macht es einem nicht einfacher, es zu erreichen.

Wie es häufig so ist mit dem Absurden, ist das Schlurfen eine kulturgeschichtlich sehr junge, das heißt moderne Form des Gehens. Vor der Erfindung des Schuhs war es schlichtweg nicht möglich. Man braucht unter der Fußsohle diese zweite künstliche Sohle ohne Nervenenden, um überhaupt schmerzfrei schlurfen zu können. Das heißt aber noch lange nicht, dass es irgendeinen nachvollziehbaren Grund auf dieser Erde gibt, seine nervigen Füße beim Fortbewegen nicht ordentlich anzuheben.

Hier ist eine zweite Anfeindung: Ich bin zweiundzwanzig Jahre alt und mache ein Praktikum in einem Literaturverein in Düsseldorf, der Rheinmetropole an der Düssel. Ich bin dankbar und gerührt, dass ich in meinen Semesterferien etwas mit Literatur machen darf (also ernsthaft). Leider gibt es in dem Laden, der alle drei Wochen eine kleine Lesung mit einem lokalen Schriftsteller mit zehn Gästen veranstaltet, nichts zu tun. Das Büro ist mitten in der historischen Altstadt und fungiert gleichzeitig als ein Rahmenmuseum. Ein Rahmenmuseum ist wie ein normales Museum, nur ohne die Bilder. Alle zwei Wochen klingelte ein Kunstgeschichtskurs oder ein älteres Ehepaar, um sich die Exponate an unseren Bürowänden anzugucken. Dann standen Museumsbesucher neben meinem Schreibtisch, während ich in meinem leeren Postfach bereits gelesene Mails als ungelesen markierte.

Nach sechs Wochen Nichtstun wurde ich zu einem abschließenden Feedbackgespräch eingeladen. Der Chef war über jede Abwechslung in Form von Praktikanten froh und bescheinigte mir gute Arbeit. Dann war die andere Vollzeitmitarbeiterin dran, die ich respektierte, weil sie einmal eine Lesung mit Benjamin Lebert moderiert hatte. Anderthalb Monate hatte sie mich höflich distanziert behandelt, sah jetzt aber, an meinem letzten Tag, eine einmalige Chance des *paybacks*. Sie sei von Anfang an überrascht gewesen, mit wie wenig Interesse ich mit dabei gewesen wäre. Wie ich schon morgens immer *angeschlurft* käme. Das hätte schon alles gezeigt. Ich glaube, sie benutzte das Wort »unverschämt«.

Danach gab's Bienenstich und Filterkaffee mit Kondensmilch, ich ging ohne Verabschiedung nach Hause und konnte die Nacht nicht schlafen. Wie konnte man so sehr Anstoß nehmen an meinem Gang? Und warum hatte ich davon nichts mitbekommen?

Schlurfen bringt nicht nur eine Reihe energetischer, sondern auch sozialer Nachteile mit sich. Dabei kommt es zu einer tragischen Verkettung dreier Umstände.
1. Das Verhalten kann auf die Mitmenschen abstoßend wirken.
2. Der Betroffene ist sich seines Verhaltens bzw. seiner abstoßenden Wirkung nicht bewusst.
3. Die Mitmenschen kommunizieren nicht die abstoßende Wirkung, weil die Kosten in der Regel den Nutzen übersteigen.

Damit lässt sich nicht bloß das Schlurfen beschreiben, sondern eine ganze Kategorie von körperlich grenzwertigem Verhalten, für die es leider noch keinen Namen gibt. Andere Beispiele sind Schmatzen, Schnarchen, Käsefüße, feuchte Aussprache und Mundgeruch.

Zur Veranschaulichung des Effekts folgende Situation: Man stelle sich vor, im Spanischkurs an der Volkshochschule hat ein neuer Teilnehmer starken Mundgeruch. Was tun? Ihn zur Seite nehmen, und ihn in einem für alle Seiten unangenehmen Gespräch darauf hinweisen? Oder sich einfach etwas weiter wegsetzen? Die meisten würden sich für Letzteres entscheiden. Das Ergebnis: Irgendwann sitzt der Mundgeruchler ganz alleine da. Und er weiß nicht, warum. Eine surreale Situation.

Ich hatte mal einen Freund, der in der Angst lebte, geistig behindert zu sein, ohne es zu merken. Alle wüssten es zwar, doch niemand wollte ihm die schlechte Nachricht überbringen. Wenn man es sich genau überlegt, ist seine Befürchtung ja nicht ganz blöd. Im Grunde kann sich keiner von uns sicher sein.

Vor zwei Jahren habe ich angefangen, in einem internationalen Start-up mit einer sehr gesunden Betriebskultur zu arbeiten. Flat Whites und flatte Hierarchien. Alle arbeiten in einem riesigen Open Office mit viel Licht und gemieteten Hydrokultur-Pflanzen. Die Laufwege sind sehr weit und die Sicht so frei, dass man umstandslos die Gehgeschwindigkeit seiner Kollegen mit einer Stoppuhr messen könnte.

Gleichzeitig mit mir fing ein netter Schotte mit dem nicht ausgedachten Namen Stef MacBeth Butterfield an. Bei meinen Open-Office-Studien fiel mir schnell auf, dass ich einen Schlurfer-in-crime gefunden hatte. Wir verabredeten uns zum Lunch. Aber noch bevor wir die Verabredung wahrnehmen konnten, wurde er gekündigt.

Zur selben Zeit geschah noch etwas Verdächtiges. Ich war auf dem weiten Schlurfweg zur Toilette, als jemand in einem Alarm-für-Cobra-11-artigen Manöver rechts an mir vorbeizog. Es war unser CEO. Er schien immer dieses Tempo draufzuhaben.

Ich registrierte noch eine Reihe weiterer Überholungen. Kollegen überholen auch andere Kollegen. Dabei schienen die Manöver und individuellen Gehgeschwindigkeiten einem bestimmten Muster zu folgen. Hier ist ein lustiger Graph, basierend auf einer stichprobenartigen Privaterhebung.[1]

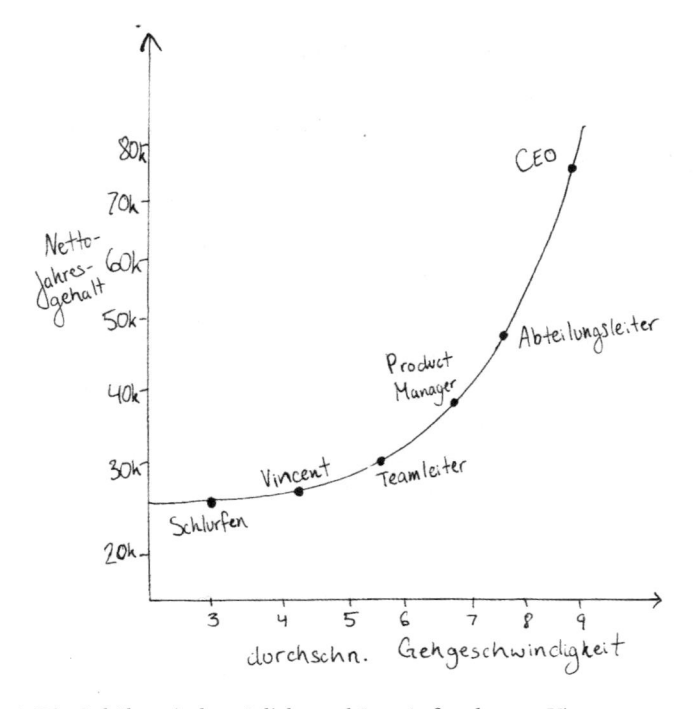

1 Die Gehälter sind natürlich geschätzt. Außer das von Vincent.

essay

Wie man sieht, korreliert die durchschnittliche Gehgeschwindigkeit mit dem Netto-Jahresgehalt. Eine Marktwirtschaft ist auf Wachstum und Beschleunigung getrimmt. Die menschliche Gehgeschwindigkeit ist regulierbar, sie wird damit zu einem marktwirtschaftlichen Faktor. Zeit ist Geld, Zeitersparnis ist Profit, und hohes Schritttempo ist profitabel. Ich will jetzt nicht behaupten, dass man durch schnelles Gehen allein große Gewinne einstreichen wird. Es ist eher ein Symptom für internalisierte Marktlogik, die sich eben auch im menschlichen Gang widerspiegelt.²

Übrigens: Solange wir im Kapitalismus leben, wird dieser Graph exponentielles und nicht lineares Wachstum zeigen. Denn Managergehälter sind nach oben hin offen, während die menschliche Gehgeschwindigkeit ihre natürlichen Grenzen hat. Die Rekordgeschwindigkeit im olympischen Gehen liegt bei knapp über 15 km/h.

Das Schlurfen nimmt in dieser Gleichung eine Sonderstellung ein. Was dieser Graph nicht abbildet: Schlurfen ist nicht nur langsames Gehen, es ist auch unproduktives Gehen. Während der Langsamgeher einfach in den Energiesparmodus schaltet, ist der Schlurfer aktiv energieverschwendend. Er verlangsamt nicht bloß die Produktivität, er sabotiert sie. Schlurfen ist Sand im Getriebe, Schlurfen *stört*.

Nach dreißig Jahren Schlurfpraxis habe ich immer noch nicht herausgefunden, warum ich es tue. Ich habe viel darüber nachgedacht. Ich bin der dritt- und letztgeborene Sohn meiner Mutter, bin vom Sternzeichen Skorpion und habe einen angeborenen Herzfehler namens Ventrikelseptumdefekt. Mir mangelt es an Vitamin B12 und ich bin ständig müde. Außerdem habe ich am selben Tag wie Jürgen Klinsmann Geburtstag. Es könnte etwas damit zu tun haben.

Als Debora Fiedler mein Schlurfen zwei Wochen vor der Premiere öffentlich thematisierte, war ich zum ersten Mal unter wirklichem Rechtfertigungsdruck. In dem Moment entgegnete ich einfach: Vielleicht schlurfe ich ja, weil Mr. Webb schlurft. Vielleicht ist das ja meine Interpretation der Rolle, meine künstlerische Freiheit. Das Argument ist natürlich Quatsch, aber die Diskussion war damit magischerweise beendet.

---

2 Ohne freien Markt kann sich das Verhältnis interessanterweise umdrehen. Im alten Rom etwa erkannte man die Sklaven an ihrem schnellen Gang, während die Aristokraten eher lustwandelten. Auch das Spazierengehen wurde später vom europäischen Adel erfunden.

Die erste umfassende Anthologie zur Psychogeografie – von ihren Anfängen der Flanerie bis zur Gegenwart des Politischen.

Garnette Cadogan
Guy Debord
Aminatta Forna
Grashina Gabelmann
Anja Kümmel
Henri Lefebvre
Fabian Saul
Paul Scraton
Will Self
Iain Sinclair
David Wagner
Frank Witzel
u. a.

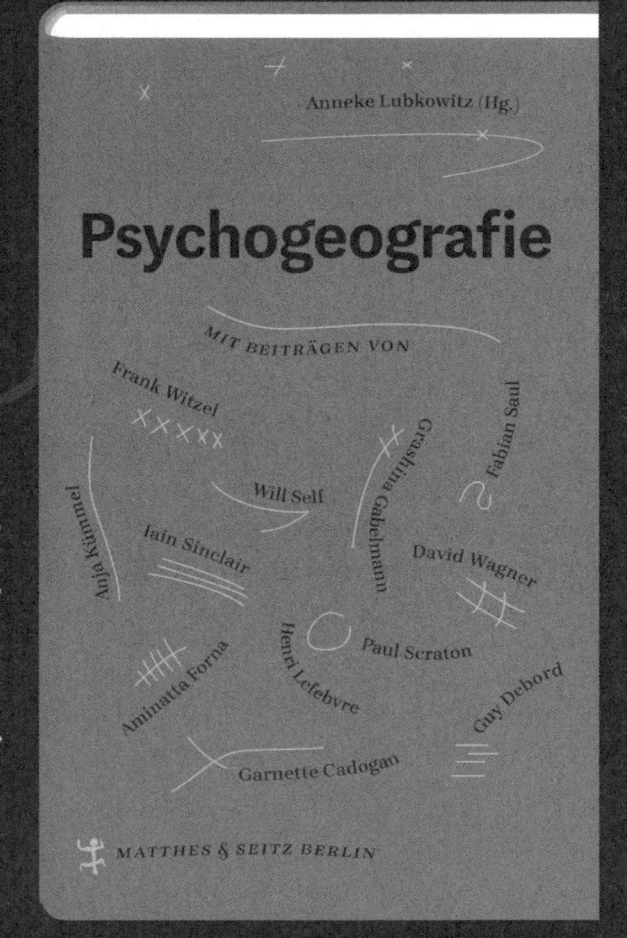

Anneke Lubkowitz (Hg.)
Psychogeografie
239 Seiten, gebunden
978-3-95757-782-5 / € 22,00 (D)

Gehen, *das ich erinnere*

JENNY SCHÄFER

Gehen von Oma nach Goslar, weil Hitler eine Parade veranstaltet.

Gehen von Oma und Opa vor den Traualtar und die Kirche ist voll, weil alle den Taubstummen »ja« sagen hören wollen.

Gehen mit Papa und Mama vom Restaurant nach Hause, nachdem klar war, dass Papa auszieht.

Gehen in Klinik, um Papa zu besuchen, weil er einen Rückfall hat.

Gehen in Klinik, um Hans zu besuchen, weil er Krebs hat.

Gehen in Klinik, um Denny zu besuchen, weil er Krebs hat.

Gehen in Kneipe, um den 30. von meinem Exfreund und meinem besten Freund zu feiern, mit meinem neuen Freund an der Hand.

Gehen von Hans in die Stadt zu Tchibo wegen Espresso.

Gehen von Mama und mir, um nicht zu reden.

Gehen von Marie und mir und glücklich sein.

Gehen vom Berg zur Haltestelle nach dem ersten Mal Sex mit nem Typen.

Gehen mit erster großer Liebe vom Hauptbahnhof nach Hause, Hand in Hand.

Gehen nach erster durchgemachter Nacht durch Park in Sonnenaufgang.

Gehen zum Date mit Martin, rauchend, obwohl ich nicht mehr rauche.

Gehen zum Krankenhaus, mit Wehen, und zwei kleine Hunde kommen uns entgegen.

Gehen zur Grundschule und ein Weg war immer voller Nacktschnecken.

Gehen nach Hause mit Britta und es regnet krass und ein Typ will uns überreden, in sein Auto zu steigen.

Gehen mit Papa und er kann nicht mehr und humpelt und sagt alles o.k.

39

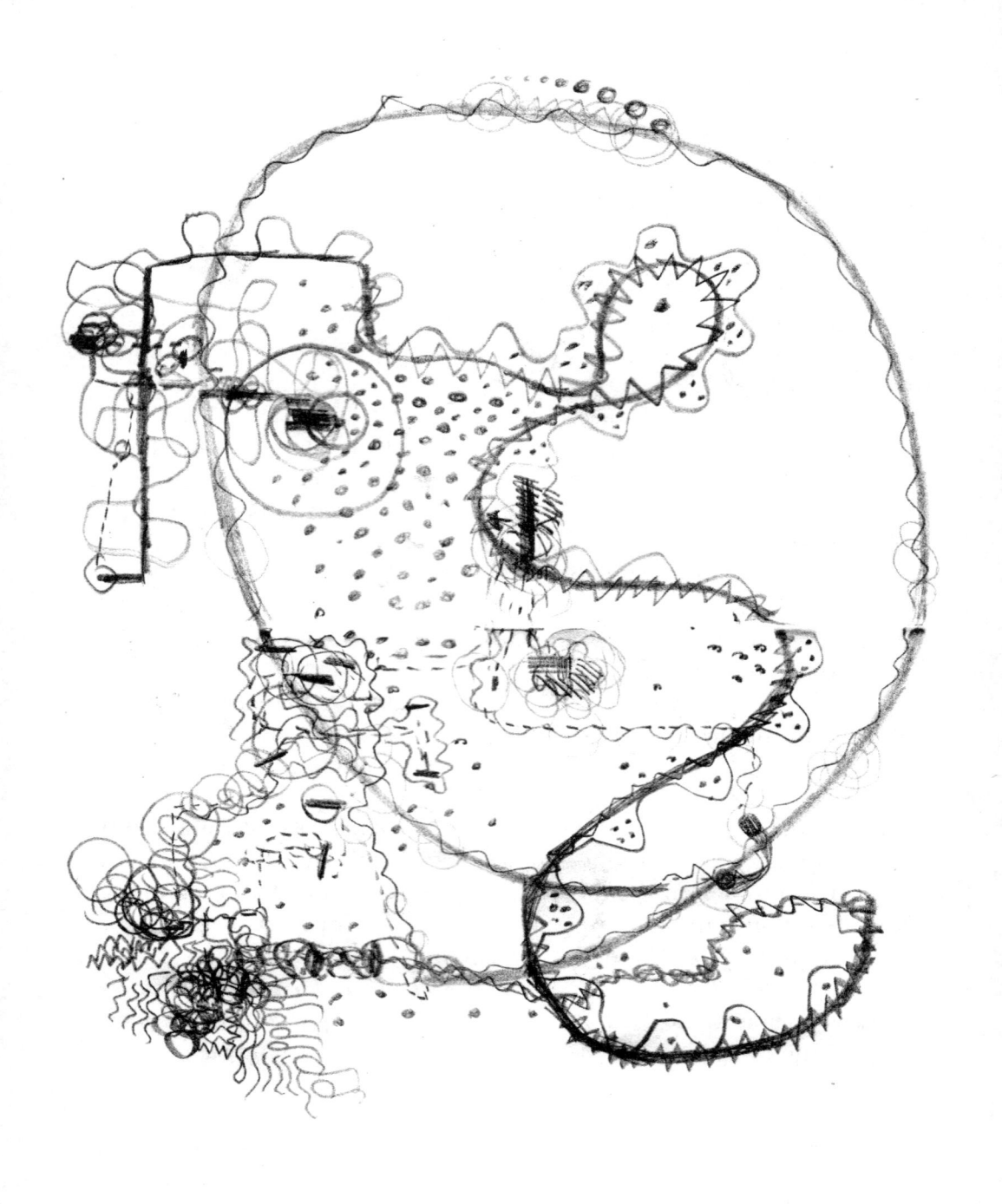

DIENSTAG, 17. OKTOBER

ANDAR

Ich *könnte* durch einen Park zur Arbeit gehen, an einem kleinen See entlang. Vorbei an süßlich duftenden Bäumen, zerplatzten Beeren und Pflanzen, die aus großen, senkrecht aus dem Boden schießenden Blättern bestehen. Vorbei an fetten Gänsen, dem Grunzen von Wasserschweinen und großen, schwerfälligen Echsen. Bessere Namen habe ich für all diese Flora und Fauna nicht. (Das sollte mir leidtun, aber in Wahrheit genieße ich es.) Ich *könnte*, es wäre wunderbar.

Aber leider *kann* ich nicht. Denn der Park hat nur einen Eingang. Dieser liegt zwar nur wenige Meter von meiner Wohnungstür entfernt (ein riesiges Privileg, wie mir im Laufe der Monate bewusst wird), aber trotzdem muss auch ich den Park durch ihn wieder verlassen, will ich nicht Gefahr laufen, mich im Stacheldraht zu verheddern. Ich frage mich, ob vielleicht auf der Insel in der Mitte des Sees ein Schatz vergraben ist. Die Runde um den See kann man nur ganz bewusst zur Entspannung gehen. Man muss sie planen und für sie *anreisen*. Und das vor um sieben, denn ab etwa dann kann es jederzeit sein, dass dem Tor die eisernen Ketten angelegt werden.

Also gehe ich um den Park herum, eingesperrt zwischen der Straße und dem Maschendraht. Ich schiele durch den Zaun hindurch hinüber zum Wasser und fühle mich wie vom Paradies ausgeschlossen. An mir rauschen die Autos vorbei. Nach einem ganzen Kilometer endlich kann ich sie links liegen lassen, um auf den Campus zu gelangen.

Der Campus ist in mehreren Ringen angelegt, was clever klingt, aber er ist dabei so spärlich bebaut, dass ich am Ende doch über Asphaltstraßen, die sich am Horizont verlieren, und weite Graslandschaften ziehen muss, um von meinem Büro zur Kantine zu gelangen. Weil die Sonne so brennt, reduziert das Campusvolk diese Gänge auf ein Minimum, weshalb es auch an einem normalen Unitag seltsam ausgestorben ist auf diesem riesigen Gelände.

Nach Arbeit und Essen habe ich das Bedürfnis nach Zerstreuung. Leider kommen dafür nicht allzu viele Orte in Frage. Das Ortszentrum und alles Umliegende jedenfalls ist für den Transit in einem vierrädrigen Metallkasten gebaut, nicht für das entspannte Umherlaufen und Gucken. Eigentlich geht das am besten im »*Shopping*«, denn dort ist es sauber, sicher und modern. Ach ja: und klimatisiert. Ich würde gern dorthin *gehen* oder *radeln*, allein: Dafür müsste ich einige Kilometer Autobahn überqueren. Also nehme ich den Bus; kein Uber, denn ich habe heute *viel* Zeit, ich mache ja ein Dérive (oder so etwas in der Art), und in der Erinnerung ist die Busfahrt auch nur halb so schlimm wie in der Realität. (Allerdings erzählt mir so auch heute kein Uber-Fahrer, dass die Abwässer des bei Eröffnung größten *Shoppings* des Landes hier ungefiltert im Straßengraben landen, weshalb es, steht der Wind im richtigen Winkel, unfassbar stinkt bei der Anfahrt.) Angekommen, ziehe ich ziellos durch die blankgeputzten Tempelhallen, schaue mir die nun sehr zahlreichen Menschen an und später etwas melancholisch hinunter auf das Gelage im zentral gelegenen »Tal« des Komplexes, auf die Berge von Müll und Essensresten.

Die Erfahrung sagt mir, dass ich damit die Alltagsmöglichkeiten des Unterwegsseins im Grunde ausgeschöpft habe, aber heute ist da so ein Trotz in mir. Der äußerlichen Öde mit dem Rückzug nach innen zu begegnen, widerstrebt mir diesmal. (Außerdem brächte das hier den falschen Fokus.)

Also trete ich den Rückweg an und dann ist ein anderer Tag und ich streife wieder über den Campus, diesmal ganzen Strömen von Menschen folgend, die auf den Punkt in der Mitte der Ringe zustreben. Da ist eine kleine Bühne aufgebaut und auf dem Platz und in den Gebäuden rundherum stehen auf mehreren Ebenen Massen von Menschen, eng beieinander, schwitzend, energetisiert. Die Redner*innen bilden einen Querschnitt der Universitätsgemeinde. Jede*r Repräsentant*in von ihnen richtet Grußworte an das Publikum und am Ende eine neue Kampfparole, alle paar Sätze gibt es Applaus. Trotz rascher Wechsel dauert die Veranstaltung s e h r lang. Ich kriege Hunger und schiebe mich raus aus der Menge. Mein Blick fällt noch auf eines der Banner, die hier hochgehalten werden: »Greve da educação!«

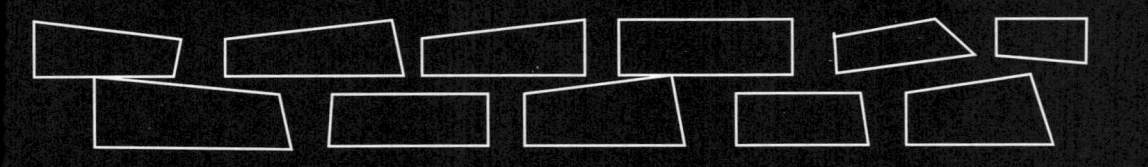

Ich esse und dann fragt eine Kollegin, ob ich mitkommen will und wenig später steige ich in ihr Auto und fahre wieder über die Autobahn, diesmal ins Stadtzentrum. Auf einem zentralen Platz sammeln sich wieder die Menschen mit Plakaten und Bannern und als es dunkel geworden ist, marschieren wir los und ich bin ganz euphorisiert und glotze und denke: sind das viele. Sogar Maskierte gibt's. Und wieder die Plakate: »Fora B ...«

Es sind jedes Mal weniger, ruft meine Kollegin mir ins Ohr. Irgendwann verlieren wir uns und finden uns erst am Ende wieder, ein bisschen zufällig.

Und dann fahren wir zurück in unser Univorortnest; da ist es zwar auch nicht unbedingt sauber und kühl, aber wenigstens einigermaßen sicher. Meine Kollegin ist immer noch traurig gestimmt, als sie mich rauslässt. Ich winke ihr, bleibe stehen und atme durch.

Es sind weniger Autos unterwegs jetzt, die knatternden Liefermopeds haben die Straßen und die Nachtluft übernommen. Menschen auf zwei Beinen sieht man noch immer keine. Das Tor, das in die hohen Mauern gebaut ist, die meine Wohnung beschützen, ist nur ein paar Meter entfernt. Ich schaue hinüber, aber dann gehe ich doch noch einmal los und erkämpfe mir den Platz auf diesen Straßen. (Ich nehme die kleinen, da geht das, vor allem um diese Uhrzeit, leichter.) Und dann ist wieder ein anderer Tag und ich höre plötzlich Musik und je näher ich ihr komme, desto mehr Menschen laufen neben mir; junge Menschen, Massen von jungen Menschen. Das Getrommel wird lauter und schließlich erreiche ich die Kreuzung, in deren Mitte der Wagen steht und davor, mitten auf der Straße, die Trommler*innen, und davor die Bläser*innen, und davor die Tänzer*innen. Und ich komme genau zum richtigen Zeitpunkt, denn jetzt setzt sich alles in Bewegung und alle diese Körper, geschminkt oder kostümiert oder beides, tanzen auf ihren zwei Beinen. Und solange die Trommeln nicht verstummen, ist mein Eindruck, können sie auch nicht aufhören damit. Die Trompeten und Posaunen kreischen in die Nacht und zwischen dem Gesang erschallt auch hier manchmal der Ruf, souffliert von den Plakaten: »Fora Bolsonaro!«

Irgendwann dann, viel später, auf dem Nachhauseweg, noch eine Vision aus der Zukunft: ein weltweit grassierendes Virus macht auch diese Eruptionen der öffentlich zelebrierten Gemeinschaft unmöglich und die Straßen gehören vollends den brüllenden Blechkisten. Ich schließe das Tor auf, ziehe es von innen zu und lasse den Blick meine metallspitzenbewehrten Mauern hinaufgleiten.

nelke-schneewittchen & alfalfa

#5

NELKE-SCHNEEWITTCHEN UND DIE STADT

während des lockdowns bin ich mit meiner tochter nelke-schneewittchen (7) in unsere datscha aufs land gefahren. in der idyllischen ruhe haben wir wenig von der allgemeinen situation mitbekommen. da meine tochter ihr homeschooling selbstständig betreibt, musste ich mich kaum um sie kümmern und konnte meine kraft ganz den eigenen aufgaben widmen. sonst vom überfrachteten alltag eingenommen, kam uns die auszeit fast gelegen, um runterzukommen. zu connecten. zu entschleunigen. manchmal glaube ich, dass die welt aus den veränderten umständen etwas lernen kann.

zurück in der stadt, ausgestattet mit neuen ideen und perspektiven, hat nelke sich angewöhnt, morgens einen spaziergang zu machen, bevor sie sich an ihr manuskript setzt (sie nutzt die freie zeit, um an ihrem debütroman zu schreiben). jetzt, da man das haus selten verlasse und die dinge ungewöhnlich wären, sagte sie letzten dienstagmorgen am frühstückstisch, sei es umso wichtiger, sich der tatsache zu versichern, dass die welt weiterhin ihre elliptischen bahnen ziehe. das funktioniere in der stadt besser als auf dem land, wo das leben sowieso nur im stillstand vorkomme. als sie bemerkte, wie der rest der familie an ihren kauenden lippen hing, seufzte sie kurz, schluckte und holte aus:

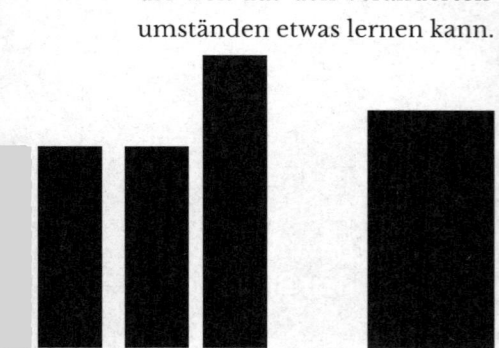

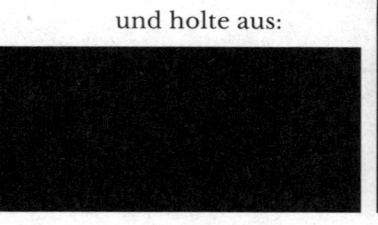

beim stadtspaziergang komme ich zu mir selbst. die fließenden bewegungen meines gleichmäßigen schritts bilden den motor meiner gedanken; die rotation meiner schultern balanciert ihr gewicht. die meditative regelmäßigkeit meines atems wird durch die unvorhersehbarkeit des geschehens angereichert: was *sehe* ich auf meiner runde?

heute zum beispiel – nelke nimmt einen bedeutungsvollen schluck frisch entsaftete rote beete – habe ich eine frau beobachtet, die mit geschlossenen augen an einer straßenecke stand. ihr gesicht war gen sonne gewandt, blonde korkenzieherlocken, eine dunkelrote mundschutzmaske verdeckte lippen und nase. alles an ihr war mimik- und ausdruckslos. als ich mit zwei metern abstand an ihr vorbeiging, öffnete sie plötzlich ihre augen und schaute mich an. erst da bemerkte ich, dass sie blind war. ihr anblick war so überraschend wie wunderschön.

generell heißt spazieren in der stadt – nelke greift nach einem weiteren buchweizen-pancake – *sehen lernen.* wir schauen sie gebannt und ratlos an. die großstadterfahrung, fährt sie unberührt fort, lässt sich wenn überhaupt, dann durch das ziellose umherstreifen greifen. erst die zweckentfremdete bewegung durch die kontingenz aus beton und begegnung bahnt einen weg zum sinn der stadt. wenn ich teil ihres alltäglichen rhythmus bin, dann sehe ich nichts. erst indem ich ziellos umherflaniere, lerne ich, ihre fragmentiertheit einzuordnen, ihre zerrissenheit zu akzeptieren. wenn ich gehe, finde ich meinen platz innerhalb des überangebots an möglichkeiten, meine ruhe im hektischen treiben, das mir in den eigenen vier wänden nicht nur jetzt, sondern fast immer ein gefühl der isolation vermittelt.

nelke greift nach ihrer tasse, will sie zum mund führen, stockt auf halbem weg. mehr zu sich selbst als zu uns murmelt sie: *sieh, sie geht und unterbricht die stadt, die nicht ist auf ihrer dunkeln stelle, wie ein dunkler sprung durch eine helle tasse geht.* lauter sagt sie: die tasse ist kaputt. dann nimmt sie einen großen schluck kakao.

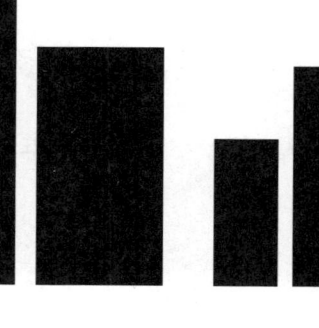

Walking to Remember

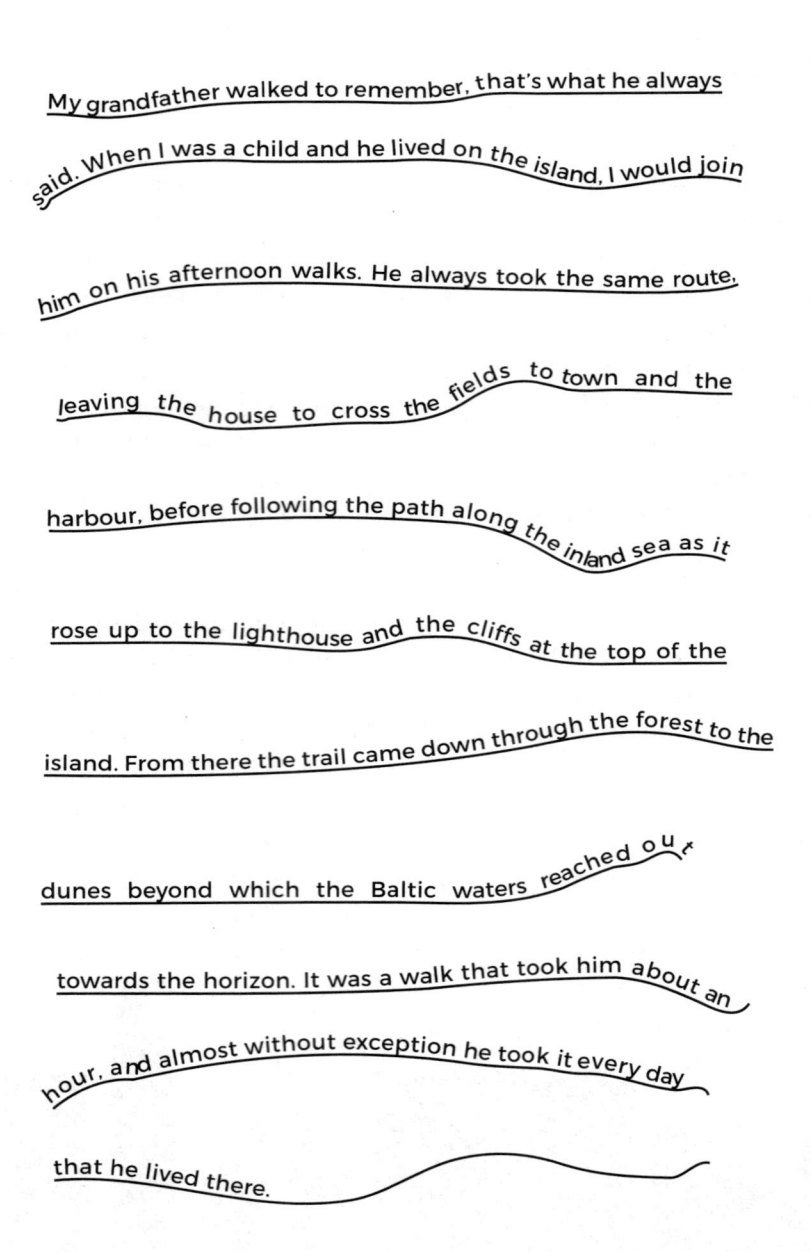

My grandfather walked to remember, that's what he always said. When I was a child and he lived on the island, I would join him on his afternoon walks. He always took the same route, leaving the house to cross the fields to town and the harbour, before following the path along the inland sea as it rose up to the lighthouse and the cliffs at the top of the island. From there the trail came down through the forest to the dunes beyond which the Baltic waters reached out towards the horizon. It was a walk that took him about an hour, and almost without exception he took it every day that he lived there.

I once asked him why he always walked the same way. Wasn't it boring? It was never the same, came his reply. Every walk was different. The weather was different. The flowers that were in bloom. The people he might meet on the footpath. And those changes that he encountered each day, the birds crossing the sky or the boats out at sea, the colour of the lagoon or the shadows on the beach, had the power to take him away from that familiar path to other places, other times. Because, my grandfather said, he liked to walk to remember.

It was a late summer day in the late 1970s when I was perhaps eight or nine years old. We had just come down from the cliffs to the dunes, not far from the house. The Baltic was glassy and clear, the air thick and soupy, filled with the scent of the wildflowers that grew on the edge of the path. I asked him what place his walk had taken him to that day, and where he could take me with his memories, with his stories.

There was a path, he said, that ran out from the town of Ostend, behind the dunes. Ostend was in Belgium, a place where he had spent some summers when he was a child, not much older than I was then. But the particular memory he had came from later times, when he had stopped in the town on his way to England at a moment when he thought he might have left his country for good. He had friends there, also exiled, spending their days in the cafes and bistros, drinking away the afternoons under the heavy awnings of the outdoor terraces while reading the news from the places they still instinctively called home.

They all had their own tales of how they came to be there. My grandfather had left after a warning, deciding not to take the train but the boat across the lagoon to Stettin and only then travelling on to Berlin. From there he continued to move, first to Cologne and then to Brussels, still feeling the tension of the border crossing as he caught the local train to the seaside a few hours later. Ostend was an

essay

escape in many different ways, he told me. More than anything, the town allowed him to feel, if only for a while, that this was nothing more than an extended holiday. He could walk the wide promenade between the white houses and the beach, and feel it was one of those visits from his childhood, when the only concern was the next ice cream and what would be served in the hotel for dinner. For a while, Ostend allowed him to forget what he had left behind. For a while.

We followed the sandy path down to the beach, and sat on the sand as he continued to tell his story. The walk was over, we were in sight of the house, but my grandfather didn't want it to end just yet.

By the end of the Ostend summer, he said, the pretence was no longer possible. The beach slowly emptied of its bathers and paddlers, the huts closed and shuttered, one by one, as the season began to wind down. And with the exodus of the true holidaymakers, the outside world trickled in. War in Spain. Stories from back across the border, delivered by those who could still make it across. Whispers in the back corners of bistros and bars. The weather turned, bringing wind and rain that hammered down on the promenade where only a few days before carefree couples had strolled. The North Sea churned, angry and unsettled, battering up against the sea walls.

For that week my grandfather stayed in his room, catching up on letters and thinking about his next steps. In the afternoon he would head down to join his friends at the bar. They were all slowly dying there, he thought to himself. Some of them would not make it.

When the weather finally cleared he took a walk along the path that led out from the town, out behind the dunes. It was, he said, an overload of senses. The smell was intense, carried on what was clearly now an autumn wind, sharper on his face than the summer breezes of only a few weeks before. He walked and walked, so happy to be out of the stuffy hotel room and its smoky restaurant, and kept walking until he reached the French border. It was about forty kilometres, he said, and took him nearly eight hours. He only stopped because he had no papers, and the border guards would turn him back. He got speaking to one of them, standing beside the road by the checkpoint. My grandfather told him about his walk, about where he had come from, and the guard arranged for the next car crossing the border to give him a lift back to town.

He had walked all day, planning his next steps. But at the same time, on that walk more than any other he took during his time in Ostend, he was transported back. Not to his childhood holidays, but to the place he had left behind and doubted that he would ever return to. It was with him in the wind blowing in off the sea and the sand-scattered paving stones beneath his feet. It was in the feel of a place built behind the dunes, where anything man-made can only ever be temporary, and the knowledge that if given

The Baltic was still when I got up there, as it had been on that summer walk with my grandfather. The horizon was hazy, and it was impossible to see where the water ended and the sky began. It reminded me of something my grandfather had said, on one of our walks. He always needed to be by the water, he said. He always needed this perspective, this sense of a view that was only limited by the curve of the earth. He had it growing up, in that place that was now part of Poland, in Ostend and on the south-coast of England. He had it when he returned, after the war, and then later, on the island. When we walked together he was an old man. The places he told me about were ones that he knew he would never see again. But could always return to them, he said, taken there on the sandy footpath, carried there on the breeze. Whenever he looked out to the horizon. Whenever he went out for a walk.

I stood on the cliff as he came back to me, the places he shared and that he had taken me to in his stories. And in his telling, they became part of my own story, too. As I followed the path down from the lighthouse, through the forest to the beach, I was with my grandfather again. We were on the island together, but also among the dunes of his childhood and on that long straight path that ran out from town to the border. We walked to remember.

the chance, the sands would move and swallow it all. The thought, he said to me on the beach all those years later, was not a sad one. It actually gave him hope.

My grandfather walked to remember.

When I first arrived here on the island, I followed the track up to the old house so that I could start our walk in the proper place. It was early summer, the rape fields a brilliant yellow against the blue sky, the swallows and swifts dancing overhead. As I followed the path into town I tried to remember how it had been back then. What buildings were new? Which had been renovated, re-painted or added to? From the town the path up to the lighthouse was paved now, to make easier work for the summer cyclists, but it still led to the old brick building, standing proud at the point where the inland sea met the open waters.

Der fünfte Mann

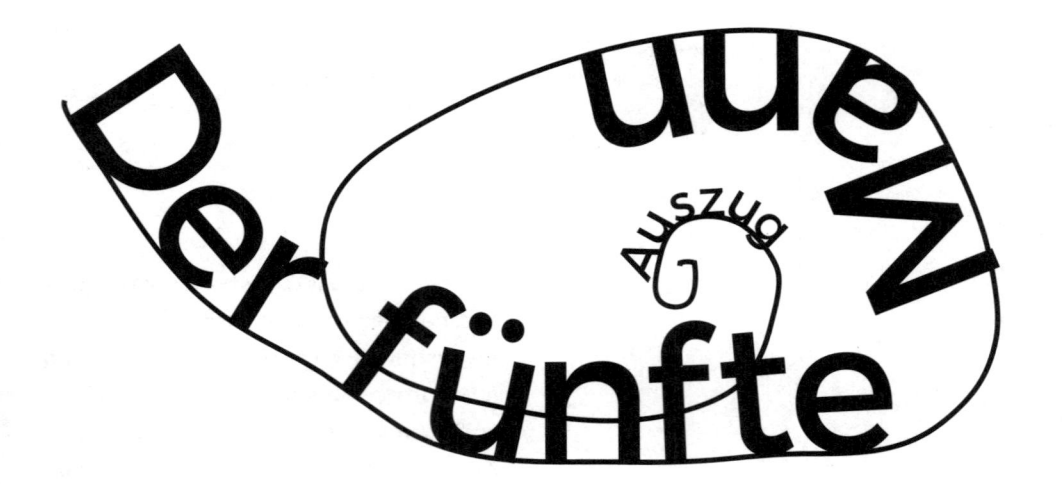

Auszug

Am nächsten Tag überzeugte ich ihn noch einmal zu einem Spaziergang, indem ich ihn zitierte, dass derjenige, der den Odenwald zu Fuß durchwandern will, wahrscheinlich den größeren Genuss davontragen werde. Die Stadt war schon auf Weihnachten geputzt, große Sternsinger- und Nussknackerfiguren, die wie überdimensionierte Playmobilmännchen dreinblickten, standen an den Straßenecken und erschreckten mich nachts wie Gespenster mit ihren leblosen Blicken. Die Luft war feucht und Nebel wob sich zwischen den Bäumen des Waldes, in den wir außerhalb der Stadt gewandert waren, ein Schleier lag weich wie eine Tagesdecke auf den Hügeln in leichter Entfernung.

Als wir die Frau sahen, kniete sie gerade auf der Erde vor einer Reihe der kleinen Sargbetten, neben ihr eine schmale Holzkiste, in der ein Dutzend großer Schneckenhäuser lag. Den Hügel herunter sah ich weitere Personen ihre wintermachende Arbeit für die kleinen weichen Tiere in ihren Häusern verrichten. Sie muss das Knistern meiner Schritte auf dem Laub hinter sich gehört haben und als sie uns sah, stand sie auf, aus ihrem lächelnden Mund flog ihr Atem sichtbar in die kalte Luft. Als sie auf uns zukam, zog sie einen ihrer braunen Handschuhe aus, an ihren Knien hatte ihr dunkelgrüner Overall feuchte Erdflecken. Sie erkannte mich sofort wieder, und ich stellte ihr Tucholsky als Kaspar vor. Sie betrachtete ihn nicht als Fremden und begrüßte ihn mit der gemächlich-genügsamen Freundlichkeit, die ich an den Menschen hier beobachtet hatte und schätzte.

Mit behutsamer Sorgfalt erklärte sie Tucholsky ihre aussterbende Arbeit, und in der achtsamen Genauigkeit ihres Erzählens hallte längst das Bewusstsein eines kommenden Vergessens vor.

Tucholsky stand interessiert und auf seinen Spazierstock gestützt in der herbstlichen Landschaft, umstanden von den bewaldeten Hügeln. Aus seinem pomadeglänzenden Haar hatte der Wind eine krähenschwarze Strähne gelöst, sie zitterte sanft in der Luft, die jetzt schon nach Winter roch, nach Laub und fernem Kaminfeuer. Erstmals war ich dankbar, dass ich glauben konnte, ich langweilte ihn nicht. Er war, trotz seiner Einsamkeit, trotz des tiefen Schmerzes seiner kalten Kindheit, obwohl er sich als *Menschenfremdling* bezeichnete, ein Mensch für die Menschen, ein Gruppenwesen, einer, der sich, wenn nötig, wie ein Kind die Freunde erfand, um spielen zu können – am glücklichsten im Austausch mit anderen, selbst dann noch, wenn diese anderen nur eine Schar von Pseudonymen waren.

Sie sagte zu uns, sie hielt dabei, behutsam wie eine Gabe, ein großes rötliches Schneckenhaus in beiden Händen, dass jetzt sehr viele Tiere, trotz der Arbeit der Schneckenhelfer, die Winter nicht mehr überlebten, man wisse noch nicht, was die Gründe waren für das Sterben der Schnecken während ihres Winterschlafs. Traurig lächelte sie einen Moment über das Tier, das in ihren Händen lag und sagte: *Und so sterben diese schönen Schnecken in dem Raum, der ihnen im Leben am meisten Schutz gegeben hat.* Sie legte die Schnecke in eines der Löcher der Sargbetten, dann sagte sie weiter: *Ihr ganzes Leben lang haben sie ihr Haus mit sich rumgetragen. Ihr Haus und ihr Grab.*

Der Name der Frau war Hedwig, und als sie sich Tucholsky vorgestellt hatte, lächelte er, als würde er beim Hören dieses Namens anfangen zu weinen. Sie gab uns Kuchen und Rotwein. *Auch das machen wir schon seit Jahrhunderten so,* sagte sie mit erfreutem Ernst, und sprach von den Veränderungen ihrer Arbeit und ihres Lebens. Dabei fiel sie bald in eine Klage über das gesamte Land und die ganze Welt. Ich wurde angespannt und fürchtete einen Rundumschlag im Das-wird-man-ja-wohl-noch-sagen-dürfen-Stil und dann eine Verschimpfierung jener Menschen, die am wenigsten für den langsamen Zerfall der Gesellschaft konnten: jene, die gerade erst seit kurzem Teil dieser Gesellschaft waren. Ich hätte mich vor meinem Gast blamiert und geschämt. Stattdessen erzählte Hedwig von ihrer Angst vor Veränderungen zurück zu den überwundenen Taten unseres Landes, zu den Verwundungen durch unser Land. Gleichzeitig fürchtete sie das Auslöschen von Tradition. Sie sagte: *Tradition ist doch das Bewahren. Aber manche Leute wollen eine Zeit zurück, in der es erlaubt war zu zerstören. Diese Gegend war früher ein schlimmes Nazi-Nest. Die jüdischen Kinder haben sie zusammen aus den Häusern gezerrt.* Sie schüttelte den Kopf. Sie fürchte sich, sagte sie, vor dem Verschwinden von Traditionen der Güte, vor dem Absterben der Menschlichkeit, die man sich hart erarbeiten musste. *Denn es gibt doch eine Tradition von Menschlichkeit,* sagte sie bestimmt, und als die Frau diese Worte gesprochen hatte, sah sie verzweifelt aus. Sie schien nun mit einem Mal sehr einsam in der Herbstwelt, die sie weitschweifig mit Laub und Wald umgab, der Wind in ihrem Haar gefangen, wirkte sie selbst wie eine von der Zeit Bedrohte. Ihr Blick war wie eine Suche gesenkt auf die schmale Holzkiste mit ihren schlafenden Schnecken, die für diese Frau eine ganze Welt bedeuteten.

Tucholsky hatte aufmerksam, aber fast wortlos zugehört. Sein Schweigen wirkte enttäuscht, und er schien ebenso verloren wie diese Frau. Und ich konnte nur beobachten. Zum Abschied sagte er zu ihr: *Leben Sie wohl, Hedwig,* und sie schenkte ihm ein leeres Schneckenhaus, ockerfarben mit einer feinen weißgeflockten Musterung und einer Spirale, die zur Mitte hin ein dunkles Blau annahm.

Auf unserem Rückweg führte ich ihn den langen Hügel hinunter zu den mit Moosmänteln umschlossenen Ahornbäumen des jüdischen Friedhofs, wo die verwitterten Grabsteine geduldig im Hang unter dem schützenden gelbbraunen Laubdach des auslichtenden Waldes standen. Eine Krähe krächzte unheimlich ihre Geheimnisse in die Weite. Vor dem alten Grab, das mit einem Haufen von Steinen und kleinen verwaschenen Zettelchen bedeckt war, erzählte ich Tucholsky von dem weltbekannten Wunderrabbi, dem Baal Shem, der in dieser Stadt zu Hause war und in ihr sein Grab gefunden hatte und an diesem Ort eins geworden war mit der Asche und dem Staub und der Erde, in der er schlief, mit der Luft, in der sein Geist bis heute die Gebete von Juden aus aller Welt hörte, die alle hierher kamen, um auf eine bessere Welt zu hoffen, oder einfach auf eine andere.

Für mich ist das ein schöner Ort, sagte ich zu meinem Gast, meinem Geist. Ein nachdenklicher Ort, ein tröstlicher Ort, weil er, wie jeder Friedhof, auch ein Ort der Erinnerung ist, ein Archiv, das gleichzeitig seine eigene Auslöschung und sein eigenes Überdauern, sein eigenes Überwintern, bedeutet. Tucholsky sprach nicht, blickte über zusammengekniffenen Lippen mit reglosen Augen auf das Grab, schaute dann, als die Krähe noch einmal schrie, in die Ferne, als wäre er in Eile. Das Grab des Seckel Löb Wormser war von einem kleinen Metallhäuschen überdeckt, das unter dem Steinhügel und den im Wind zitternden Zettelchen hervorschaute. Das Metallhäuschen wies an einer Seite eine schiebetürartige Öffnung auf, die mit einem Vorhängeschloss gesichert war, und obwohl ich den Grund dafür nicht kannte, kannte ich das Land, in dem ich lebte, und weil ich ihn hierbehalten wollte, sagte ich ihm etwas Politisches, während ich mit einer Handbewegung das Metallhaus auf dem Rabbinergrab einnahm: *Schauen Sie. Deren Hass überwintert leider auch. Er reicht übers Grab hinaus. Vielleicht weil diese Leute wissen, dass die Erinnerung stärker ist als ihr Hass.*

Tucholsky sah mich nun direkt an. Er hatte sehr lange nichts gesagt und sagte auch jetzt nichts. Sein Brustkorb hob sich und sank unter seinem schwarzen Mantel mit dem fellbesetzten Kragen, schwer ging sein Atem, als wäre er unendlich erschöpft. Ich sagte weiter: *»Hass führt nicht weiter«, das haben Sie geschrieben. Aber Deutschland ist scheinbar das Land, das die Gräber seiner jüdischen Bürger mit Vorhängeschlössern vor dem Hass anderer Bürger seines Landes schützen muss.*

Tucholsky leckte sich nun einmal über die Lippen und sagte: *Junge, was zeigst du mir diesen Ort, der so tot ist wie ich?* Er zuckte mit den Schultern. *Ich habe nichts zu sagen, ich habe selbst nie ganz gesehen, was kommen würde, wie konnte ich, wie konnte irgendeiner? Aber ich habe genug gesehen, und habe geglaubt, man müsste mutiger kämpfen. Doch ich schoss bloß mit der Schreibmaschine, und die Sprache konnte nichts ausrichten.* Er schüttelte ganz leicht den Kopf, aus seinem Mund schoss seufzend eine Atemwolke. *Ich bin ein aufgehörter Dichter.*

Ich sagte: *Aber Ihre Sprache hat sehr viel verändert.*

Er schüttelte noch einmal den Kopf: *Wofür war das alles? Die Sprache war machtlos, als sie gegen Krieg und Vernichtung anging. Als wär' eine Schreibfeder ein Schießgewehr! Ich hatte geglaubt, Sprache wäre wirklich eine Waffe, die man scharf halten muss. Nun, vielleicht war sie das. Aber gegen eine Bombe hilft kein gutes Wort.*

Aber, wendete ich ein, *müssten Sie nicht der erste sein, der einem solchen Satz widersprechen müsste?*

Da steckte er seinen Spazierstock fest in den laubweichen Boden des Friedhofs, stellte seinen Kragen gegen die Kälte hoch und sagte: *Ich habe mit diesem Land, dessen Sprache ich so wenig wie möglich spreche, nichts mehr zu schaffen. Möge es verrecken. Ich bin damit fertig.* Er nahm seinen Spazierstock und machte ein paar Schritte in Richtung Friedhofstor. Er sagte: *Ich möchte hinaus, dahin, woher ich gekommen bin, fort von hier. Ein krankes Tier verkriecht sich auch.*

Tagelang sprach er kein Wort mit mir. Auch seine Bekannten, das Grammophon und die Schreibmaschine, schwiegen jetzt jede Nacht. Wenn ich nachts ins Bad ging, sah ich ihn aber immer hellwach unter den Fachwerkbalken und vor Rotweinflaschen sitzen, totenreglos, die Augen ganz offen und schwarz, doch nach innen vertieft. Durch nichts ließ er sich aus dem Haus oder auch nur ans Fenster bewegen. So verging meine Zeit, die nicht unsere Zeit war, die allein meine Zeit war.

Seit einigen Tagen kamen abends in der Dämmerung Krähen zu Hunderten in die historische Innenstadt und sammelten sich auf den Fachwerkhäusern. Schwarze Fetzen rissen aus dem grauen Himmel und ließen sich mit unheimlicher Gelassenheit auf den Dächern nieder. Die Krähengruppen versammelten sich im fallenden Dunkel, nur um dann in zehntausendstarken Schlafkolonien zusammenzukommen und ruhend auf den Morgen zu warten. Tausend Herzschläge unter Federn, unter Flügeln, beieinander. Auch am heutigen Abend.

Ich war zum Fenster gegangen und schaute auf das alte Rathaus, dessen Dach vor dem quecksilbernen Abendhimmel mit schwarzen Silhouetten gezackt war, wo die Krähen saßen und warteten, bis sie in den Schlaf flogen. Ich wollte den Bann des Schweigens zwischen uns brechen und bat ihn, doch bitte einmal zu mir ans Fenster zu kommen, ich möchte ihm etwas zeigen. Er sah mich einen Lidschlag lang an und sagte bloß: *Der Rotwein muss zugekorkt werden, der ist noch sehr gut.* Ich guckte nach draußen, als mit einem großen schwarzen Schlag die Krähen aufflogen, den Himmel durchflimmerten und fortzogen.

Als ich mich ins Zimmer zurückwandte, dauert es einen Augenblick, bis sich meine Augen an das helle Licht über dem Tisch gewöhnt hatten. Und dann war dort nichts als dieses Licht. Nur die ausgeleuchtete Stille. Die mich anstarrende Leere. Kurt Tucholsky war weg.

Bald nahm ich, weil ich einsam war, meine einsame Arbeit wieder auf. Bald ging ich nach Hause, nach Hause in seine Sprache.

Es ist ein kalter, kurzer Tag und die Landschaft liegt gepackt und still unter Schnee. Die Dunkelheit hält sich nicht an die Verabredung der Jahreszeit, der Tag schmilzt rasch Richtung Winter. Ich stehe im Schnee vor dem Stein unter der Eiche, und in der Ferne höre ich ein Kind lachen, zwei Besucher des Friedhofs gehen an mir vorüber und grüßen mich auf Schwedisch. Jemand muss die Grabplatte von Schnee und Winter freigemacht haben. Sie ist größer, als ich sie mir vorgestellt hatte, an den Ecken des flachen Steins die schweren stählernen Ringe, als bräuchte es alle vier deiner großen Pseudonyme, um den fünften Mann zu befreien. Peter Panter, links oben, Theobald Tiger links unten, Ignaz Wrobel rechts unten, Kaspar Hauser rechts oben – Hopp-Eins-Zwei-Drei, na los, hebt die Platte und befreit euch!

In Wahrheit hat meine Sprache diese Kraft nicht. In Wahrheit stehe ich ganz allein hier. Nicht weit von deinem geliebten Schloss Gripsholm. Das Licht ist dünn hier und kein Duft dringt durch den Schnee. Auf der Platte über deiner Asche steht das Goethe-Wort: *Alle Vergänglichkeit ist nur ein Gleichnis.* Doch das stimmt nicht. Alle Vergänglichkeit ist Wahrheit, und vor Wahrheit habe ich Angst, auch wenn ich mich vor einer Zukunft fürchte, in der die Wahrheiten der Vergangenheit wie Lügen wirken, in der auch die Toten zu Lügen geworden sind, weil man sie vergessen hat, und auch ihre Worte, ihre Wahrheiten vergessen sind. Leise spreche ich meine Worte hinter dem Weiß meines Atems: *Hier ruht ein goldnes Herz und eine eiserne Schnauze. Gute Nacht – mein Prinz.*

Ich knie mich an sein Grab. Und zwischen seinen Namen und die Inschrift, gerade in die Mitte der Grabplatte, ins Zentrum der vier Ringe, dorthin lege ich das kleine Schneckenhaus mit der bläulichen Spirale. Freunde verlierend, die ich nie hatte, verlasse ich den Friedhof von Mariefred.

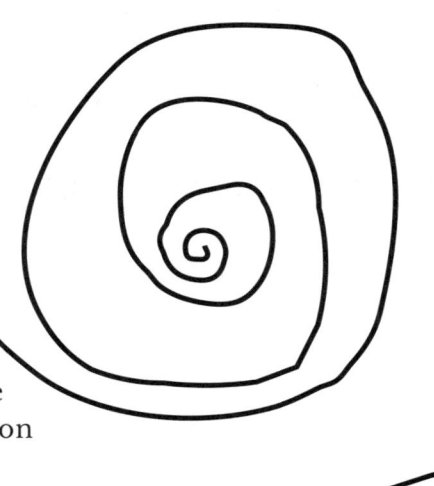

Das Kamel

vor dem Zirkuszelt, am Saum deines

Spaziergangs, hier der Zaun, ein Paar Hufe

sei weich, verdurste, sagen die Dornen

dass du nicht eine, dass du mehrere

Kammern voll Gräsern versteckst

Fasern, Fragmente, kamelide Tendenz

schwere Ketten zu bilden

aus Löwenzahn, in einem Anflug von

Sommer ins Haar gewunden, lösliche

Formeln, Zahnlücken, Wüsten

dahinter, ein Stern sinkt

in einen anderen, wann? –

in deinen Träumen, da frisst es

dir aus der Hand, Gelsomina, was bleibt

als ein flüchtiger Geruch nach Muskat

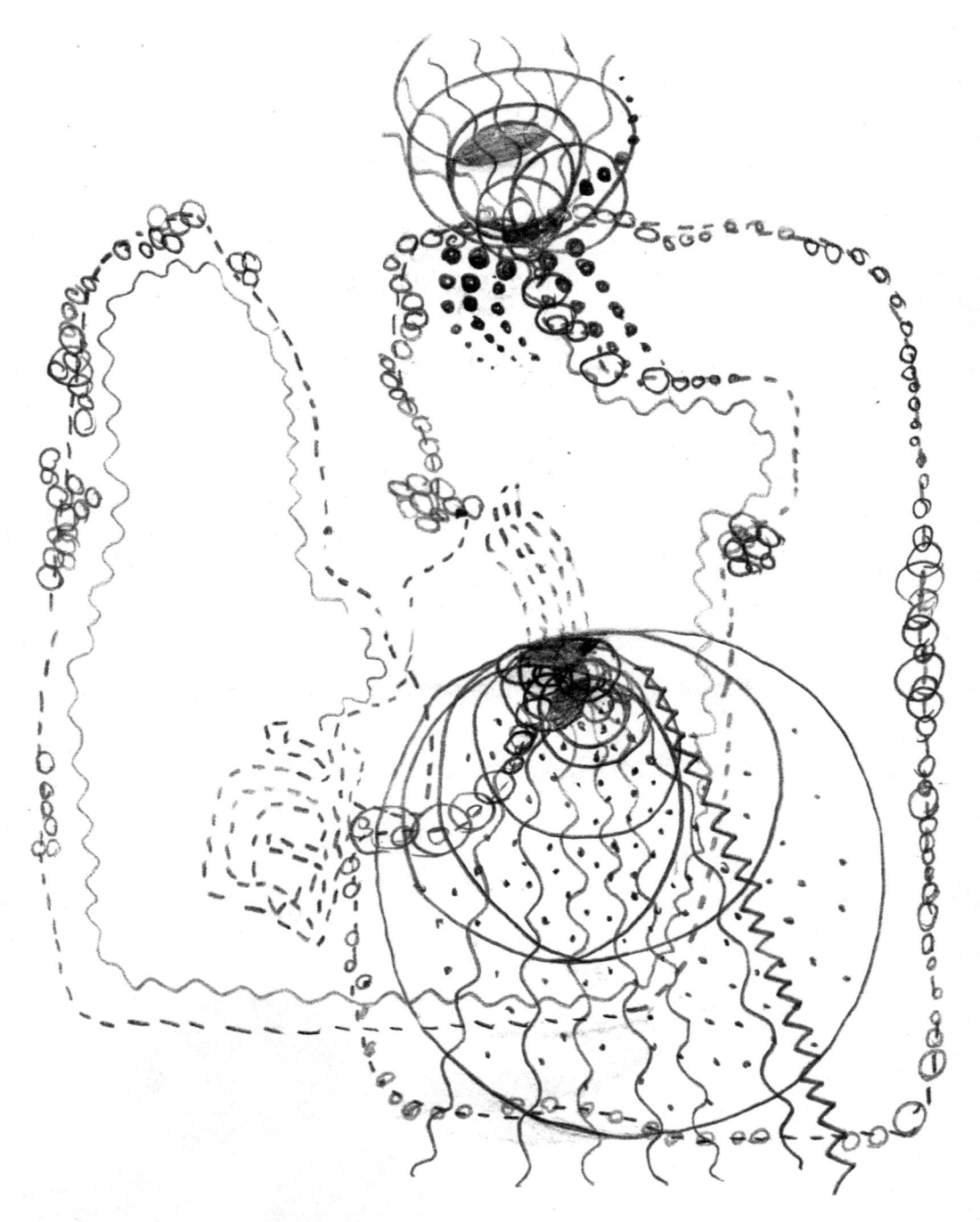

SAMSTAG, 21. OKTOBER

DURCH BENGALURU GEHEN

Schlafende Männer auf Orangen

»Breekfaahst«. Sie folgt dem Lockruf des Morgens auf die Straße. Die von drei Fahrradreifen getragene Holzplatte walzt neben ihr her. Das Gewicht von Auberginen, Tomaten und Zucchini lässt die Ladefläche ächzen. Eine Kuh bleibt vor der Auswahl stehen, sie bläht die Nüstern, wiegt den Kopf. »Breekfaahst«, preist der Verkäufer seine Ware an. Die Kuh schnaubt einmal kräftig, trottet weiter. Der Milchmann nähert sich. Er stoppt an einer Tragetasche, die am Balkon des nächsten Wohnhauses befestigt ist. Seine Hand greift hinein, holt einen Plastikchip heraus und tauscht ihn gegen einen Liter Milch. Die Milch gehört dem jungen Mann auf dem Balkon im dritten Stock. Er trägt sein Haar adrett gegelt und das Hemd bis oben zugeknöpft. Hinter ihm schiebt eine Frau in roter Tunika die Glastür auf. Sie stellt ihm Dosa hin, er schaut aufs Handy, sie reicht ihm Tee, er greift danach. Die Frau zieht sich zurück. Ob sie als Angestellte oder Ehefrau serviert, ist von der Straße nicht zu unterscheiden.

Sie erreicht das Eckhaus an der Kreuzung. Etwas Staub rieselt vom Dach. Ein Alter läuft über die abschüssigen Ziegel und säubert sie mit seinem Besen. Das Schaben von Kokosnussfasern auf Ton dringt bis zu ihr herab. Sie biegt ab – die Hauptstraße. Ein Mittelstreifen, den die Verkehrsteilnehmer unerbittlich überfahren und blaue Holzverschläge zu beiden Straßenseiten. Darin hängt Einmal-Shampoo neben Mango-Pickle, jeweils eine Rupie. Verkäufer sitzen eingepfercht zwischen Toast und Keksen, können jede Ware ihres Ladens mit ausgestrecktem Arm erreichen. Ein Friseur steht auf dem Bürgersteig und schneidet Männern die Haare kurz. Daneben sitzt der

HANNAH BECKMANN

Schneider und näht konzentriert im Schatten seines Sonnenschirms. Den Stiel des Sonnenschirms hat er mit Kabelbindern an einem aus der Erde ragenden Eisenstab fixiert. Sie umkurvt die beiden Handwerker, dann einen Baum, der zwischen zwei Zementplatten wächst. Als der Bürgersteig in einem Loch endet, hebt sie ihr Tuch zum Mund und wechselt auf die Straße. Es riecht nach frisch gegossenem Teer. Ein Mann schwingt einen Eimer und verteilt die Flüssigkeit auf dem Asphalt. Ein Hund läuft flink darüber und markiert die Straße mit seinem Fußabdruck. »Beeep«, der Hund macht einen Satz, das Tuk-Tuk hat Vorfahrt. Es knattert, hupt sich Stück für Stück durch den Verkehr. An der Kreuzung bleibt es stecken. Ihr Blick fällt auf den Sticker, der das gesamte Rückfenster bedeckt: Eine blonde Frau mit breiter Nase und prägnantem Kinn, vor einen farbenfrohen Hintergrund gesetzt. *Steffi Graf*. Ein Laster stellt sich dicht hinter die Autorikscha. Sein Tank verkündet: *Water Supply*. Folgerichtig sprudelt Wasser aus allen Ritzen des Metalls. Es fließt über die Straße und sammelt sich in Schlaglöchern zu Pfützen.

Auf Höhe des Tuk-Tuks bleibt sie stehen, wartet auf eine Lücke oder eine Kuh. Schräg über ihr klebt Modi auf einer Bretterwand. Seine Arme sind verschränkt, er schaut auf sie herab. Ihre Finger schließen sich unwillkürlich um das Kreuz an ihrem Hals. »Erst die Muslime, dann die Christen. Es ist nur eine Frage der Zeit«, hat Dr. Johann gesagt und dabei so nervös geblinzelt. Sie öffnet die Hand und legt sie flach auf ihre Brust. Dann atmet sie aus und macht einen Schritt nach vorne. »Dödüdüp-Da-dödüdüp-Da«, sie springt nach hinten. Der Bus macht eine Vollbremsung. Die schwarzen Federbüschel an den Seitenspiegeln schwingen hektisch hin und her. Hinter der Scheibe fuchtelt der Fahrer. Sie schaut zu Boden, drückt die Fingernägel in die Handballen. »Udupi, Udupi«, nutzt der Schaffner den unvorhergesehenen Halt und schreit ein paar Passanten an. Eine Dame reagiert, sie rafft ihren Sari und erklimmt die Stufen des Busses. Oben angekommen rückt sie ihre Brille zurecht. Der Schaffner, der halb aus der Tür hängt, macht ihr Platz. Währenddessen setzt der Bus sich wieder in Bewegung. Mit schwankendem Riesen-Plüschherz hinter der Windschutzscheibe fährt er davon. Dazu singt die Hupe ihre Melodie: »Dödüdüp-Da-dödüdüp-Da.«

Die Ampel springt auf Grün. Neben ihr bewegt sich alles. Sie wandert mit dem Klang der Hupen über den Asphalt. Motorroller kommen ihr entgegen, ein Auto biegt scharf vor ihr ab, dann erreichen ihre Füße die Kante der Zementplatten. Ein Kabel baumelt knapp darüber. Es hat das Gewirr der indischen Stromversorgung über ihrem Kopf verlassen und fristet sein Dasein nun in nutzlos vertikaler Position. Sie senkt den Blick, übersteigt ein Loch, gefüllt mit Plastikflaschen, Blättern und Styropor, schaut auf und steht vor einem Haufen Ziegelsteine. Ein Mann kniet vor dem Haufen und stapelt Stein um Stein in eine Plastikschale. Dann positioniert er sie auf seinem Kopf und stemmt sich hoch. Ein zweiter Mann wartet bereits auf ihn. Zusammen überqueren sie die Straße. Der Träger setzt die Schale ab, legt Stein um Stein auf einen akkurat gebauten Ziegelwürfel. Der Andere steht daneben. Als die Arbeit beendet ist, streckt er die Hand aus, greift nach den Fingern des Trägers und sie spazieren gemeinsam zurück. Zur gleichen Zeit biegt ein Transporter um die Ecke und parkt hinter dem Ziegelwürfel. Der Fahrer ruft den Männern etwas zu. Ein Sicherheitsbeamter ruft dem Fahrer etwas zu. Als der nicht reagiert, tritt er ans Fenster des Transporters. Ein Wortwechsel. Ausholende Gesten hin zum Tor des Krankenhauses, in dessen Einfahrt der Transporter parkt, hin zum Ziegelwürfel, hin zum Tempel mit der vielköpfigen Kobra-Statue, der in dem Streitgespräch natürlich auch seine Erwähnung finden muss. Der Fahrer wedelt wild mit seinem Arm, der Sicherheitsbeamte streckt die khakifarbene Brust heraus und stemmt die Hände in die Hüften. Damit ist die Diskussion beendet. Mit quietschenden Reifen fährt der Transporter an und hält anstatt hinter nun vor dem Ziegelwürfel. Der Sicherheitsbeamte kehrt zurück zum Tor des Krankenhauses und lehnt sich ganz entspannt gegen die Grundstücksmauer.

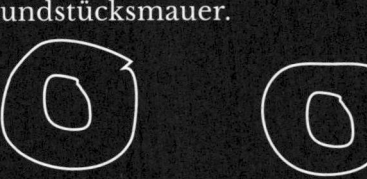

In dem Moment schreit eine Frau hinter der Mauer, lauter, als sie es je zuvor getan hat. Nach sechzehn Stunden Schreien und Stöhnen kommt ihr Kind zur Welt. Es flutscht aus ihr heraus, ist blass und schlaff und still. Die Ärzte nehmen es an sich, tragen es weg. In einen anderen Raum. Durchs Glas der Scheibe kann Nayana nur noch ihre Rücken sehen, zuckende Muskeln unter grünen Kitteln. Einige Sekunden ist es still, dann hört sie ihr Baby schreien. Die grünen

Rücken strecken sich, die Hebamme tritt weg vom Tisch. Sie bringt das Baby, eingewickelt in ein Tuch, und streckt es ihr lächelnd entgegen. Nayana schiebt die Finger zwischen den Stoff, sucht nach einer Lücke in den Schichten, da spürt sie einen Schlag auf ihre Hand. Die Augenbrauen der Hebamme stehen dicht zusammen. Ihre Stirnfalten sind zornig vertieft. »Es ist ja ein Junge, aber jetzt schau ihm doch erstmal ins Gesicht!«

Während die Mutter im Kreißsaal ihren Erstgeborenen hält, trifft sie auf eine Querstraße. Am Straßenrand parken die Tuk-Tuks dicht an dicht. Behornte Füße baumeln aus den Seitenfenstern. Die Besitzer nutzen ihre Pause für einen Mittagsschlaf. Sie schlüpft zwischen zwei Fahrzeugen hindurch, biegt links ab und sieht den Häuserblock, der komplett in Gelb getunkt, für den Zement von *Ramco* Werbung macht. *As strong as family bonds* steht fett und blau auf jeder Hausfassade. Zwischen dem *as* und dem *family* ist ein Fenster zu sehen.

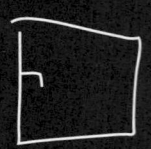

Es ist das einzige Fenster zu Familie Naidus Schlafzimmer. In dem Schlafzimmer steht Snehal vorm Spiegel und betrachtet sich. Die Sonne scheint ihr unerbittlich auf den Spliss. Snehal fährt sich mit dem Kamm durch die Haare. Dann zieht sie einen Scheitel von der Stirn bis zu dem Wirbel an ihrem Hinterkopf. Sie lächelt und dreht sich um. Ihre Mutter steht im Türrahmen. Sie drückt sich die Brille gegen den Nasenrücken. »Willst du so auf die Straße gehen?« Snehal schweigt. Sie weiß, was kommt: »Mit der Mähne siehst du aus wie Kali. Bind dir einen Zopf.«

Sie schaut an sich herab. In den Fasern ihrer Tunika hat sich ein Haar verfangen. Es fühlt sich spröde an zwischen den Fingern, wie immer in der Sommerzeit. Sie lässt es fliegen.

Der Wind trägt es und legt es einem Tuk-Tuk-Fahrer auf den Arm. Der bewegt gerade seinen Lenker und parkt die Autorikscha links am Straßenrand. Kommentarlos zieht er seine Schuhe aus und verlässt das Fahrzeug, während sein Gast im Tippen innehält. Er schaut vom Bildschirm auf und sieht den Mann, die Hände vor der Brust zusammennehmen. *Guys, can take a while,* tippt er, *driver went for praying.*

Inzwischen ist sie bei den Hühnern angekommen. Die Tiere sitzen in flachen Käfigen und tragen ihre Köpfe so tief wie eine Schildkröte, nur fehlt ihnen der Panzer, um sich der Umwelt zu entziehen. Hinter den Hühnern kommen die Besen, dann die Teppiche und dann der Kreisel. Hier staut sich täglich der Verkehr. Das weiß die ungewöhnlich große Frau mit den kantigen Gesichtszügen, die sich ihren Weg durch die Wartenden bahnt. Sie sucht sich einen Tuk-Tuk-Fahrer aus, streckt das Kinn vor und klatscht. Das Geräusch erinnert an die Knackfrösche, mit denen sie als Kind immer gespielt hat. Der Fahrer schaut zu Boden, die Frau klatscht erneut. Ohne sie anzuschauen, steckt er ihr zwei Rupienscheine zu. Sie blickt noch einmal abschätzig, dann zieht es sie zum nächsten Auto, einem Laster, dessen Laderaum nach hinten offen ist. Von der rechten Seite nähert sie sich der Öffnung und wirft die Handflächen gegeneinander. Knack. Ihre ausgestreckten Finger zeigen auf einen Mann im Innern des Wagens. »Hijras«, hat Pappa einmal erklärt. »Einige Leute glauben, sie haben magische Kräfte und können dich verfluchen.« Der Mann im Laster zeigt keine Reaktion. Er schläft. Mit durchgedrücktem Rücken auf einem Berg vibrierender Orangen. »Und was glaubst du, Appa?« Ihr Vater zögerte. »Ich glaube nicht, mein Kind. Aber anlegen würde ich mich trotzdem nicht mit ihnen.« Sie steigt vom Bordstein und legt die Hand auf die warme Motorhaube neben sich. So schiebt sie sich, Auto um Auto, über die Straße. Hinter dem Laster trifft sie auf die Hijra. Ein scheues Lächeln und die Fremde lächelt zurück. Geschminkte Lippen formen Neugier zu Worten, aber da ist sie schon an ihr vorbei, verlässt den Kreisel und landet wieder auf dem Bürgersteig. Im Fenster einer Erdgeschosswohnung sieht sie ein Omelett durch die Luft fliegen.

Es dreht sich und landet mit einem Flatschen wieder in der Pfanne.
　»Yes!« Ajit grinst breit und Laxmi schmunzelt: »Du musst aus allem eine Show machen.«
　»Das ist keine Show, das ist Instinkt. Ich weiß eben, wie man mit Werkzeug«, er hebt den Holzlöffel, »und Eisen«, er hebt die Pfanne, »umzugehen hat«.
　Sie legt die Arme von hinten um seinen Bauch. »Da sieht man mal: Es steckt doch noch ein Schmied in dir.«
　Er lacht, leise, ein wenig bitter vielleicht. »Da wären wir wieder beim Thema.«

»Ach, komm.«
»Reicht es nicht, dass deine Eltern in Allem den Bezug zu meiner Herkunft sehen?«
»Ich habe einen Witz gemacht. Einen, den du angestoßen hast.«
In der Pfanne beginnt das Ei zu zischen. Er dreht sich um, den Holzlöffel noch in der Hand: »Hast du gelesen, dass sie in Tamil Nadu einen Dalit-Mann ermordet haben?«
»Schon wieder? Wieso?«
»Er hat ein Mädchen aus höherer Kaste geheiratet.«
»Und wer hat ihn ermordet?«
»Der Vater des Mädchens und irgendein Verwandter...«
Sie legt den Kopf in den Nacken und die Finger auf die geschlossenen Lider, seufzt. »Immerhin. Sie kommen nächste Woche zu Besuch.«
»Deine Eltern?« Seine Augenbrauen und Mundwinkel heben sich fast gleichzeitig. »Sie haben zugesagt?«
Laxmi nickt und tippt sich lächelnd auf die Stirn. Er küsst genau unter die rote Farbe, die ihren Scheitel ziert, während sich in der Küche der Geruch von angebranntem Ei breit macht.

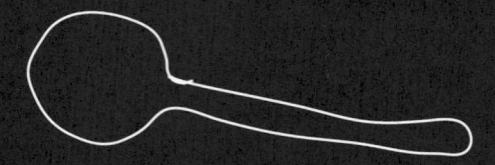

Sie läuft an einem Park entlang, bis sie sich plötzlich im Blick der Reichen wiederfindet, deren massive Grundstücksmauern den Passanten nur einen Ausschnitt ihres Wohlstands präsentieren. In dieser Gegend sind die Straßen ruhiger. Lediglich zwei Motorroller fahren vorbei – auf einem steht ein Kleinkind zwischen Vater vorn und Mutter hinten. Es wippt im Takt der Unebenheiten auf und ab – und eine Einfahrt wird gekehrt. Von einer Frau mit Kopftuch, deren Besen geübt über das Pflaster schabt. Staub umwirbelt ihre Knie und legt sich dicht aufs Bunt des Saris. In dem Moment regt sich das Eisentor des Anwesens. Ein Kopf mit Schnauzer guckt heraus. Die Frau hält inne, schaut ihn an. Der Mann sagt etwas, deutet auf den Dreck am Boden und dann auf seinen Mund. Sie wackelt mit dem Kopf. Ihre runzligen Finger greifen nach dem Tuch und ziehen es vor ihr Gesicht. Der Schnauzer des Mannes hebt sich mit seinem Lächeln. Er nickt und verschwindet genauso schnell wie er gekommen ist, in seiner von Staub befreiten Welt.

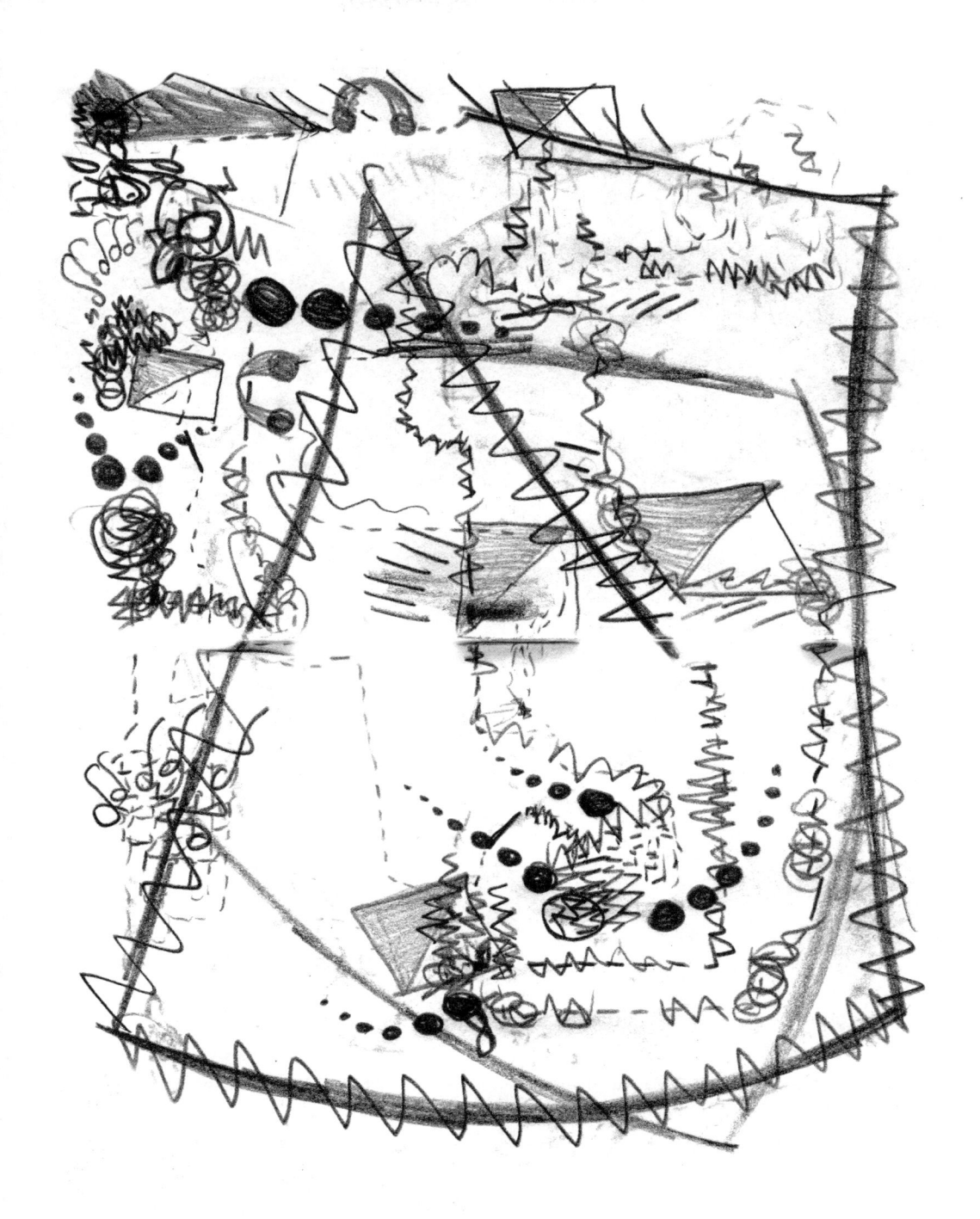

DIENSTAG, 30. NOVEMBER

schreiben in der enge

ich gehe derzeit selten vor die tür. die meisten anrufe beantworte ich nicht. stattdessen verbringe ich mehr zeit denn je am schreibtisch, bei den büchern. auf der suche nach einem wort stoße ich bei kafka im ersten seiner acht oktavhefte auf den satz: »jeder mensch trägt ein zimmer in sich.« seit monaten liegt das land im stillen. und je stiller es draußen wird, desto mehr zieht es mich nach innen. ein erblindeter riese taumelt der aufgehenden sonne entgegen.

unter dem motto »lebenszeichen!« lese ich auf der seite des anhaltischen theaters dessau: »wir wollen ihnen per video täglich eine geschichte vorlesen, der sie auf dieser seite und in den sozialen medien lauschen können. in giovanni boccaccios novellensammlung »dekameron« sind zehn junge leute im jahr 1348 vor der pest, die in florenz wütet, auf ein anmutiges landgut geflohen, wo sie einander zehn tage lang jeweils zehn geschichten erzählen und sich so die zeit bis zum abflauen der seuche vertreiben. mit diesen hundert geschichten, unter denen sich märchen und sagen, anekdoten und witze versammeln, hat boccaccio seine welt erzählt. oder erzählt er von unserer?« ich erfahre, dass einer, der das »decamerone« ins deutsche übertragen hatte, der an einem schweren lungenleiden erkrankte dichter klabund war, der sich bis zu seinem tod 1928 regelmäßig im schweizerischen sanatorium davos aufhielt; jenes davos, welches hans castorp in thomas manns »zauberberg« an einem hochsommertag für einen kurzen besuch seines erkrankten freundes bereiste und das er, nicht wie geplant nach drei wochen und auch nicht nach sieben monaten, sondern erst nach sieben jahren wieder verlässt – vom regen durchnässt, halb bewusstlos durch den matsch schwankend, am schienbein hart getroffen, in der dämmerung des ersten weltkrieges. den nervichten arm in die krücken gestemmt erhebt sich der todkranke schriftsteller aus dem lehnstuhl, tritt ans eckfenster seiner wohnung und entwirft für seinen vetter das panorama eines in endlosen schleifen sich windenden immerwährenden treibens. trotzdem/weil der gelähmte seine wohnung nicht mehr verlassen kann, ist ihm hier, vom fenster aus »das bunte leben aufs neue aufgegangen«. e.t.a. hoffmann schrieb »des vetters eckfenster« wenige monate vor seinem tod. hundert und sieben jahre darauf verfasste jean cocteau während einer neunzehntägigen opiumentziehungskur seinen roman »kinder der nacht«. paul, der während der hofpause von einem schneeball, so hart wie ein stein, an der brust getroffen wird[1] und fortan ans bett gefesselt ist, erschafft sich gemeinsam mit seiner schwester elisabeth und zwei freund*innen in der wohnung ihrer im sterben liegenden mutter allnächtlich ein über jahre bestehendes somnambules zwischenreich, das erst mit dem tod pauls zerbricht.

ein kratzen im hals! sollte ich mich besser in quarantäne begeben?

»hikikomori« werden im japanischen jene menschen genannt, die sich über die dauer von monaten oder jahren oder jahrzehnten in ihren wohnungen und zimmern einschließen und sich so der außenwelt entziehen.[2] für ein neues theaterstück schaue ich mir den dokumentarfilm »wolfpack«

---

1 »ein dumpfer schlag. ein schlag von einer marmorfaust. ein schlag von der faust einer statue«.
2 bea camacho häkelt sich in ihrer performance »enclosed« in eine rote wollhülle ein, verpuppt sich sozusagen. »die idee hinter dem kokon ist, dir deine eigene umwelt zu formen.« / einen menschen außerhalb des eigenen hausstandes an den arm zu fassen! / der körperkontakt zweier menschen in vollvermummung.

essay

an. dieser porträtiert eine familie aus new york, in der die eltern ihre sieben kinder über die dauer von sechzehn jahren in der wohnung einsperrt, um sie so vor den gefahren der stadt abzuschotten. die kinder erfahren die realität der außenwelt ausschließlich indirekt über das medium des films und erschaffen sich mithilfe des films in endlosen variationen ihre eigenen wirklichkeiten. erinnerungen an das heimliche schreiben unter der bettdecke ...

»besondere zeiten erfordern besondere maßnahmen«, schreibt der freund auf die postkarte. auf der vorderseite lese ich den slogan: »poetisiert euch«.

1794 nutzt xavier de maistre einen zweiundvierzigtägigen hausarrest aufgrund unerlaubten duellierens, um mit der »reise um mein zimmer« ein neues genre der literatur zu begründen: die zimmerreise. diese, so bernd stiegler in seiner kulturgeschichte »reisender stillstand«[3], »entwerfen keine utopien, die eben keinen ort nirgends zum gegenstand haben, sondern konzentrieren sich auf den vermeintlich bekannten raum hier und jetzt.«[4]

in der abgeschlossenheit des raumes ersetzt das assozierende/kontextualisierende/intertextualisierende denken das physische setzen meiner schritte. denken sei sein. »cogito ergo sss ...« das kratzen an der zimmerwand. joseph brodskys »marmor«. zwei insassen eines futuristischen gefängnisturmes, umringt von den marmornen büsten der klassischen dichter & denker, heben sich streitend aus zeit und raum. doch wehe, wenn das gegenüber verschwindet! »down by law«[5]. jack und zack im knast von new orleans. wehe, wenn das gegenüber verstummt! »esse est percipi« – sein ist wahrgenommenwerden, sein ist: wahrnehmen. der kerker des körpers, der immer schon als objekt im raum exponiert und in seinem radius limitiert ist. nico: my stage belongs to a country/that has not yet been born/on a planet not yet named/it is the biggest stage of the universe. die befreiung aus dem kerker des kopfes: den stein schnnn..., sich vorwärts zweifeln. klaus kordon überwindet seine fünfmonatige einzelhaft mit der erfindung von romanen im kopf.

in herta müllers essays blättern. ihre beschreibungen kollektiver poetisierungen hin zu chiffren, die außerhalb der gruppe niemand verstehen

---

3   die gleich auf »wolfpack« folgte ...
4   sich auf den stuhl stellen und von hier aus das zimmer überblicken. zu der vase mit den unbekannten asiatischen schriftzeichen, zur uhr, die immer auf kurz vor zwölf steht, zu einem roten würfel, aus dem musik dringt, zur roten couch, zu den fotos an den wänden und den büchern im regal, dem punkt auf dem blatt papier. vor dem bücherregal: nach einiger zeit schwirrt mir der kopf bei dem gedanken, dass es diese sammlung aller wahrscheinlichkeit nach kein zweites mal auf der welt gibt, wie abertausende andere bibliotheken auch. »die insel liegt innen – die grenze liegt außen« (herta müller)
5   ausgerechnet jetzt stellt arte diesen film in die mediathek!

konnte: »wir hatten eine lange übersicht in unseren satzlabyrinthen, besaßen eine art gebietshoheit, legten so viele fährten und umwege hinein, bis uns die köpfe schwirr […]«

ein blick zu den fotos an den wänden. die abbildungen verknüpfen sich schier automatisch, ohne mein zutun. ein alter mann trägt milchkannen ins dorf à ein boot auf glatter see à zwei menschen überqueren die karlsbrücke in prag.

sich bücher auf den schreibtisch stapeln. *j*elineks »kinder der toten« etwa auf *j*irgls »mutter vater roman«. lichtstrahlen schießen in eine richtung, berühren materie, treten in sie ein und treten aus ihr aus, abgeleitet in eine andere richtung. ein sich verdichtendes netz der vektoren. das hüpfen von einer seite zur nächsten, dann: ein übersprung à raymond roussel – »wie ich einige meiner bücher geschrieben habe«: »ich wählte zwei fast gleiche wörter […] dann setzte ich identische wörter hinzu, aber in zweierlei sinn genommen […] ich verwende x-beliebiges. so sah man damals überall eine reklame für einen apparat namens »phonotypia«; das gab mir fausse note tibia (falsche note schienbein)«. ein locus solus entsteht.

doch der weg der reise auf engstem raum, des flanierens im mikrokosmos, ist unwiederholbar. die reise »ist ein für alle mal gemacht und kein sterblicher kann sich dessen rühmen, sie noch einmal anzutreten; umso mehr die welt, in der sie sich abspielte, nicht mehr vorhanden ist«, schreibt de maistre. in ihrer einzigartigkeit ist die zimmerreise eine robinsonade. das system ist abgeschlossen. ich bleibt eine insel.

das schwierige an dieser einsamen art zu reisen, ist ja, die reise zu beenden! proust hatte während seiner »suche« das zimmer kaum noch verlassen. es ist die sucht nach der suche, die in die irre geht, da ich die ausgangsfrage vergaß/sie verschüttet liegt unter dem wust meiner bloßen anhäufungen. in huysmans »gegen den strich« richtet sich der letztverbliebene eines hochadligen geschlechts, jean floressas des esseintes, in einem abgelegenen landhaus eine gegenwelt ein, um der welt zu entsagen. in einem übersteigenden anfall von ästhetizismus lässt er den panzer einer riesenschildkröte mit einer goldglasur überziehen und mit edelsteinen bepflastern – hyazinthe, spinelle, rubine ... das tier stirbt und des esseintes versiecht unter der last seines eigenen pomps. das große fressen oder die vorstellung, von den büchern erschlagen zu werden. ein rhizom wächst sich aus. das blatt mit den notizen wird voller; zwischen den zeilen füge ich in einer immer kleiner werdenden schrift in immer enger beieinander stehenden lettern[6] zusätze und querverweise ein. »die maske des roten todes«: wieder wütet eine pest. prinz prospero erträgt die enge der quarantäne

---

6   bis nur noch striche, dann punkte zu sehen sind ...

nicht. er gibt einen maskenball, der sich über die weite von sieben räumen erstreckt. in dem letzten raum wartet, schlag 12 uhr, der rote tod, der ihn und seine gäste hinwegrafft.

allein zu sein, mit nichts als mit sich im zimmer zu sitzen – das auge zwingt das hirn. immerfort fängt es die vektoren ein und fordert analyse, analyse. doch immer selektiv, immer sequenziell, nie simultan![7]

den blick über den schreibtisch schweifen lassen, über die eigentlich für sich stehenden entitäten ... abschweifen ... joseph grand in camus' »pest«[8] versucht sich an einem roman, gelangt jedoch nie über den ersten satz hinaus. »an einem schönen morgen im mai ritt eine elegante amazooo...«. jack torrance, der in »the shining« mit seiner familie in ein abgelegenes, von der außenwelt abgeschnittenes, weil eingeschneites, hotel in den rocky mountains fährt, um dort einen roman zu schreiben, füllt hunderte seiten mit ein und derselben phrase: »all work and no play makes ja ...«/gertrude stein schafft sich auf grundlage strengster limitierung nach dem prinzip von minimalismus, repetition und verschiebung[9] aus dem kopf heraus eine gigantomanische, drei generationen umfassende familiensaga: »the making of americans« / sein weg drehe sich, so claude simon im »blinden orion«, ständig im kreis[10]: »so wie ein wanderer es tun mag, der sich im wald verirrt hat, umkehrt und wieder losgeht, getäuscht (oder geleitet?) von der ähnlichkeit bestimmter, jedoch verschiedener orte, die er wiederzuerkennen glaubt...«, in die leere tastend taumelt der mit erblindung bestrafte riese orion der aufgehenden sonne entgegen, auf seinem weg einzig geleitet von der stimme eines winzigen gefährten, der auf des riesen schultern steht.

ich schließe die augen.

für einen moment ist nichts als stille. dann, langsam aus allen seiten dringt der klang heran. einzeln. tropfen auf scheiben. dann zwei, dann zu dreien nacheinander. klaenge, geraeusche, toene zur gleichen zeit, in interferenzen. sie reiben sich aneinander, kreieren hieraus neue toene.[11] widerhallende resonanzen, vereinzelte silben werden angestimmt, flauen ab ...

---

7   mc luhan, powers – visueller und akustischer raum: seit das sehen die wahrnehmung dominiert »musste das denken einen anfang, eine mitte und einen schluss haben.« das auge – eine alles be / verwertende maschine!
8   ihr motto führt mich zu defoe, führt mich wieder zurück zu müller.
9   wiederholung ist veränderung.
10 »die welt ist rund« (gertrude stein) ∞ »zeit ist ein spitzer kreis« (herta müller)
11 »wenn unser trommmelfell auf noch hoehere frequenzen gestimmt waere, wuerden wir die molekuele in der luft zusammenstooszen hoeren oder den bruellenden strom unseres eigenen blutes vernehmen.« (mc luhan, powers)

in den pausen weitet sich stille, die neue toene entfacht. silben an die wand geworfen. ein knacken, ein knirschen. das zimmer – ein resonanzkoerper[12]: boden, decke, leib vibriert. schnn ... schnarren, schnee! sind die waende – die waende sind schnee. belyj. abblaettern der waende. rieselnde klaenge. milchglas platzt auf marmorfliesen. der schlag gegen die brust. der risz der dich dicht umstehenden buesten. schneee zerweht die waende. »unerklaerliche wehmut erweckten die weiten der zimmerfluchten« hallt es in mirrr nach aus belyjs metropolepos »petersburg«. doch das polareis platzt – »die waende sind schnee, keine waende!«, der putz rieselt »und stiebt / stiebt«[13] und ploetzlich bleibt da nichts als die allseits klingende weisze weite – das echo woyzecks, der aufs packeis stampft, sein ohr an den rotfunkelnden ozean legt: alles hohl! zu eng wirds im kopf[14]: flauberts antonius sitzt in der wueste / in der felsklause / in der wueste, die haende an die ohren gepreszt: alle stimmen bestuerzen ihn gleichzeitig. ein babylonisches gewirr aus lauten. dann stille – und er entschwebt dem aal. antonius: meein verstand faszt es! die freude uebersteigt alle wonnen der zaertlichkeit! ich staune atemlos vor gottes macht! – der teufel: so wie das firmament immer hoeher wird, je mehr du steigst, so erweitert es sich nach dem maassz deines denkens; – und deine freude wird, nachdem du so die welt gesehen hast, mitt dieser weite ins unendliche wachsen! – antonius: hoeher! hoeher! wei ...

ich habe die augen ja längst wieder geöffnet. ein stapel bücher war zusammengerutscht. einige verknickte seiten. um mich herum kalkweißgestrichene tapezierte wände. sofort schaue ich wieder auf büchertitel. »ich und du«, »ma und mu«. wem gelänge ein dasein in stille? ich blättere in einem essayband von yoko tawada.

hier begegne ich *ma* wieder, der japanischen silbe, die den »zwischenraum« bezeichnet. bei mc luhan las ich zuvor: »durch die jahrhunderte schätzten die japaner, anders als die menschen des westens, den zu bild gewordenen leeren raum zwischen den objekten eines gemäldes sehr hoch: der *ma*. sie hielten diesen raum für wichtiger als alle darauf dargestellten objekte.« / bei tawada: *mu* – das nichts, *me* – die augen, *mi* – der körper / mir im russischen: die welt, die gemeinde, der friede, die alleinheit / *ki* – nun tellenbach[15]: »der ursprüngliche grund, in welchem die beziehung eines menschen zum mitmenschen verankert ist, zeigt in überra-

---

12 »man sitzt wie in einem violinkasten.« kafka
13 »muenden – entzuengeln« anja utler
14 hieronymus bosch: »steinschneiden«
15 sein text ist im selben buch enthalten wie der von mc luhans; wäre es letztlich der zufall, der meine reise bestimmt?

schender eindeutigkeit charaktere des atmosphärischen. der japaner bezeichnet dieses ursprüngliche, den einzelnen vom ursprung her durchwaltende, ihm das mitsein stiftende mit dem wort *ki*. (...) *ki* bedeutet ursprünglich ›ursprung des universums‹, ›pneuma‹, ›atem‹, ›luft‹ und zugleich auch ›gemüt‹. danach ist *ki* eigentlich ein universales und ubiquitäres, aber es zeigt sich nuur als ein individuelles (gemüt), als ein je meiniges. danach hat also der einzelne am ursprung des ganzen im pneuma des atmosphärischen anteil.«

ein spurt über die arg wackelnde hängebrücke zu bubers »ich und du«: »die welt als erfahrung gehört dem grundwort ich-es zu. das grundwort ich-du stiftet die welt der beziehung.«

und nun von mi-rrr- $_{zu}$ ki $_{zu}$ du $_{zu}$ ubuntu!

ein tanz auf rutschigen felspfaden, die sich so leicht verschieben, wie sie abwegig sind, da willkürlich, ein bloßer mikroausschnitt aus dem ganzen.[16] der kosmos tönt.

»sie haben mir untersagt, durch eine stadt, einen geographischen punkt zu laufen; aber sie haben mir das ganze universum überlassen: die unermesslichkeit und die ewigkeit stehen zu meinen diensten«, schreibt auf seiner stube gesperrt xavier de maistre.

»wir müssen das denken in diesen engen grenzen aufgeben/wo fängt der mensch an, wo hört er auf?«, lese ich in einem zeitungsartikel, welcher unter den bücherstapeln ausgebreitet liegt. und: »die grenzen sind fließend/ ich bin nur im wir/ich berühre, also bin ich.«

[16] unmöglich, das alles zu fassen! flauberts clowneske von »bouvard und pécuchet«: der versuch der beiden, in einem einmal mehr abgelegenen landhaus zurückgezogen von aller welt in enzyklopädischer, zentrifugaler sammelwut eben jene welt doch noch irgendwie .... oder aber umgekehrt! einar schleef: gertrud – die nun zentripetale monomanie, das, was war, bis ins mikroskopische hineinzugreifen.

**Gallery Print
Kreativer Partner für Druck
und Veredelung.**

Blindprägung
Farbschnitt
Folienkaschierung
UV-Lack
Heißfolienprägung
Kaltfolie
Siebdruck
UV-Offset
Stanzen
Perforieren
Rubbellack
Irisdruck
UV-Siebdruck

**Inspiration unter:
www.Gallery-Print.de**

Gründonnerstag Zweitausendzwanzig

Um 11:37 Uhr steh ich am Gleis in Schaffhausen. Die App sagt Schienenersatzverkehr.

Am Bahnhofsvorplatz stehen zwei Omnibusse und lassen die Motoren laufen. Ich ziehe den Rollkoffer hinter mir her. Es scharrt. Der hintere Bus fährt weg. Der vordere bleibt stehen.

»Ist das der Schienenersatzverkehr?«, frag ich durch die geöffnete Tür. Die Chauffeurin spitzt erschrocken den Mund.

»Hemmental«, hör ich sie sagen. Dann schließt sie die Tür und fährt ab. Die Sonne steht noch nicht im Zenit.

Ich gehe zurück zu Gleis 10. Das scheint mir jetzt am plausibelsten. Schwitze. Ziehe meinen Rucksack aus. Krempel den Pullover hoch.

»Auch auf dem Weg nach Deutschland?«

Ich erkenne ihn gleich als Zürcher. Weißes Hemd, blaues Sakko, dunkelrote Mokassins. Sie sind tatsächlich aus Samt.

»Ich will nach Stuttgart«, sagt er.

»Bonn«, sage ich.

»Optimistisch.«

»Was soll man machen.«

MARIE-LOUISE MONRAD MØLLER

Er steht mir einigermaßen gegenüber. Wir starren die informationsfreie Anzeigetafel an. Dann drehen wir unsere Köpfe sehr suchend in alle Richtungen.

»Da drüben«, sagt er plötzlich, »da stehen Leute. Da frag ich mal nach.«

Er geht wieder. Er hatte ganz schöne Augen.

●

Die App sagt Schienenersatzverkehr, aber ab wo?

»Auch nach Deutschland?« Ein Backpacker kommt angeschlurft, bleibt fünf Meter neben mir stehen. Er hat gebräunte Haut.

»Gleich kommt ne S-Bahn«, sagt er und lacht mit weißen Zähnen.

»Wo kommst du grad her?«, frag ich.

»Frankreich.«

»Echt?«

»Ja.«

»Und wie war die Lage da so?«

»Hab nicht viel mitbekommen. War 10 Monate im Kloster. Sagt dir das was?«

»Kloster?«

»Taizé.«

»Hattest du nicht erwähnt.«

»Doch.«

Ich blicke zur Treppe. Der Zürcher kommt ruhigen Schrittes wieder hoch. Ich denke den Satz: Er hatte die aufrechte Haltung gehobener Stände. Als er sieht, dass ich mittlerweile Gesellschaft habe, richtet er seine Worte gleich an uns beide.

»Hab leider nichts herausgefunden«, sagt er.

»Gleich kommt ne S-Bahn, sagt die App«, sagt der Typ aus Taizé.

»Was hast du gemacht im Kloster?«, frag ich ihn. Der Zürcher zieht sich einen Schritt zurück.

»Fliesen geschrubbt und meditiert.«

»Klingt gut«, sag ich.

Ein sehniger Mann keucht die Treppen rauf. Schmeißt Seesack, zwei Koffer und Rucksäcke aufs Perron.

»Nee nä! Zuch gerade wech oder wat?« Er stemmt die Hände in die Seite. »Ich fass et nich.«

Wir starren ihn an. Er pustet sich die Strähnen aus der Stirn.

»Der wollte gar nicht erst kommen«, sagt der Zürcher, leise lächelnd.

»Und wat jetzt? Ich muss nach Deutschland. Aber sowas von!«

●

Die App sagt Schienenersatzverkehr, aber ab wo?

»Gibt ne S-Bahn zur Grenze«, sagt Taizétyp.

»Kommt wann?«, fragt der Langhaarige, Schweißperlen auf der Stirn.

»Zwanzig Minuten«, sagt der Typ aus Taizé. Dann lacht er schon wieder, obwohl nix Lustiges passiert ist.

»Ich würd sagen: Bierchen?«, der Langhaarige guckt in die Runde. Wir schütteln die Köpfe. Zehn Minuten später kommt er mit zwei Dosen Quöllfrisch zurück. Als die S-Bahn einrollt, hat er die erste ausgetrunken. Wir steigen ein. Ich halt mich auf Abstand.

Biertyp redet. Er ist Arzt, hat vor wenigen Monaten in Krügergold investiert und das hier ist quasi sein Umzug.

»Bevor die alles dicht machen. Und du so?«, fragt er den Zürcher.

»Unternehmensberater.«

»Macht Spaß?«

»Hab Entwicklungshilfe studiert. Aber mein Vater ... Firma ...«

Jetzt Samtmokassins.

Nach zehn Minuten steigen wir in einem Ort aus, den jeder von uns anders ausspricht. Der Bahnhof in Thayngen ist leer. Es riecht nach Kuhmist. Die Haufen dampfen gleich neben dem Gleis.

»Joa. Schöne Luft, würd ich sagen«, sagt der Arzt.

Der Zürcher blickt auf dieselbe Art um sich wie zuvor in Schaffhausen, nur weniger lächelnd.

»Und wo ist jetzt der Schienenersatzverkehr?«, frag ich.

»Hast du keine App oder was?«, fragt Taizétyp.

»Naja. Wenn nix mehr nach Deutschland fährt, dann wohl auch kein Ersatzverkehr«, sagt der Zürcher.

»Logisch«, sagt der Arzt. »Optionen?«

»Die Grenze ist dreieinhalb Kilometer entfernt. Luftlinie.« Taizétyp trägt seinen Rucksack routiniert. Zürcher lacht ungläubig und wechselt den Griff seiner Ledertasche. Arzt zeigt auf seinen Gepäckberg. »Das sind 60 Kilo. Mindestens.«

»Hast du ne Alternative?« Taizétyp guckt humorlos.

»Dreieinhalb Kilometer?«, frag ich.

»Dann hilf mir mal«, sagt Arzt und Taizétyp nimmt den kleinsten Koffer.

»Wollen die jetzt wirklich gehen?«, frag ich den Zürcher.

»Ich muss mal eben telefonieren«, sagt er und wendet sich ab.

Taizétyp und Arzt werden schon immer kleiner. Ich lauf ihnen nach. Der Koffer rammt meine Fersen. Vor dem Bahnhofskiosk hol ich sie ein.

»Er will kurz Bier holen«, sagt Taizétyp.

»Bist du sicher, dass man über die Grenze kommt? In Basel ist schon alles zu.«

»Wenn wir JETZT loslaufen, können wir um 14:40 in Bietingen sein.«

»Bietingen?«

»Deutschland? Ersatzverkehr? Hol dir mal ne App!«

Der Arzt kommt und reicht Taizétyp ein Pils.

»Keine Zeit jetzt«, sagt der. »Wir müssen los!«

MARIE-LOUISE MONRAD MØLLER

Der Arzt lässt die Dosen in seine zerbeulten Hosentaschen gleiten.

»Wartet mal! Was ist mit…?« Ich drehe mich zum Gleis um.

Der Zürcher steht noch immer am Bahnsteig. Er telefoniert nicht mehr. Er hat sein Sakko inzwischen ausgezogen. Das Hemd strahlt weiß in der Sonne. Ich winke ihm zu.

Als er uns einholt, sehe ich ein sorgenvolles Gesicht.

»Wir wollen laufen«, sage ich.

»Ich weiß nicht…« Der Wind weht sein Parfum zu mir rüber.

»Ist die grüne Grenze überhaupt offen?«, fragt er. »Die haben doch alles dicht gemacht.«

»Also, ich geh jetzt jedenfalls auch«, sage ich und gehe los.

Der Weg führt uns zunächst durchs Dorf. Da geht ein Glatzkopf mit einem Hündlein Gassi. Es hat eine rote Schleife zwischen den Ohren. Er starrt in sein Handy, während das frisierte Tier ein Häuflein an ein Bächlein setzt.

»Ist es weit bis zur Grenze?«, frage ich den Tätowierten im Vorbeigehen.

»Jao. Isch scho weid!«

»Wie weit?«, ruft Taizétyp.

»Weid!«, beteuert der Tätowierte, und kramt eine schwarze Plastiktüte aus der Hosentasche.

Das Bächlein verschwindet, der Weg führt auf offene Felder. Eine Frau kommt uns sportlichen Schrittes entgegen.

»Ist es weit bis zur Grenze?«, frag ich.

»Nein, überhaupt nicht. Ist gleich dahinten!« Sie zeigt mit dem Finger irgendwohin.

»Da sieht man schon das Zollhaus.«

Ich erkenne einen schwarzen Kasten mit Antennen auf dem Dach.

»Die Bahnen fahren wohl nicht mehr rüber?«, fragt sie.

»Genau«, sagt der Arzt außer Atem.

Sie kneift die Augen im Sonnenlicht zusammen.

»Ach, deshalb seh ich hier in letzter Zeit immer so viele Leute mit Koffern.«

Sie lacht. Wir ziehen weiter. Wir sitzen alle im selben Boot. Vorneweg Taizétyp, dahinter ich, zerre meinen Koffer, dahinter Zürcher, trägt sein Lederbag, dahinter, weit dahinter, Arzt mit halbem Hausstand. Der Feldweg staubt.

»Wie weit noch?«, brüllt der Arzt.

»Das findet er auch geil«, sagt Taizétyp da, »dass man denkt, er ist so'n Alternativer. Aber dann kann er sagen: Ich bin Arzt. Darauf holt er sich richtig einen runter.«

Er dreht sich nach hinten um und lacht verrückt.

»Wir haben die Hälfte vom ersten Drittel!«

Am Horizont das schwarze Zollhaus. Kein Baum. Kein Schatten. Freie Sicht auf freie Bürger.

Mein Koffer wird schwer. Der Schotter knirscht unter den Sohlen. Zürcher holt mich ein. Unfroher Blick.

»Es tut mir leid um deine Schuhe«, sage ich.

»Ich weiß«, sagt er.

»Wie weit noch?«, brüllt der Arzt.

»Sechs Kilometer!«, ruft Taizétyp und lacht diabolisch.

Arzt schreit auf. Aber wir können nicht auf ihn warten. Der Bus wartet auch nicht. Er weiß noch nicht mal, dass wir kommen.

Das Zollhaus liegt zu unsrer Rechten.

»Einfach weiter, einfach weiter«, sagt Taizétyp.

»Sie haben uns doch schon gespottet«, sagt Zürcher. »Da oben steht einer mit Fernglas.«

»Immer weiter, einfach weiter.«

Wir sind Spaziergänger. Wir gehen weiter und weiter. Am schwarzen Kasten vorbei. Und vor uns plötzlich ein Haus. Lamellenzaun und Fliederbüsche. Ein Hund bellt im Garten.

»Wo wollen Sie hin?« Oben am Fenster steht eine Alte in Jägerweste.

Der Hund springt gegen den Zaun.

»Deutschland, da lang?«, ruft Taizétyp.

Sie grinst. »Ist zu!«

»Wir sind Deutsche«, sagt Taizétyp.

Sie schüttelt den Kopf. »Tja. Zu ist zu!«

Der Arzt kommt an. Er ist sehr rot.

»Wir … sind … alle … Deutsche.«

»ZU ist ZU!«

Wir gucken zu ihr hoch. Der Hund bellt immer noch.

»Wir sind alle Deutsche«, sagt der Zürcher. Sie mustert ihn mit schmalen Augen.

»Na dann. Da lang.«

Wir gehen weiter.

»Kannst' kurz noch mal den Koffer nehmen?«, fragt Arzt den Taizétyp.

»Kein Bock mir die Schulter auszukugeln.«

Mich und Zürcher fragt er nicht. Ich schwitze unter dem Rucksack. Zürcher fragt, ob ich ihm Bücher empfehlen kann. Das hat er sich wohl gemerkt. Dass ich was mit Literatur und so. Ich frage, was er denn so liest.

»*Gehen, ging, gegangen* fand ich zuletzt ganz gut«, sagt er. Ich stolpere fast.

»Verrückt!«, sag ich. »*Das* fand ich auch gut.«

Ich betone das Das auf eine komische Art. Ich sage: *DAS* fand ich auch gut. Als gäbe es gar keine anderen Bücher. Dann sprechen wir erstmal nicht weiter, weil jemand bemerkt, dass wir verfolgt werden. Hinter uns, vom schwarzen Kasten her, rast die Schweizer Patrouille uns nach.

»LAUFT!«, schreit Taizétyp und wir rennen los.

»NEIN! Stehen bleiben!«, schreit Arzt.

Ich laufe und bleibe stehen und laufe und bleibe stehen. Entscheide mich fürs Rückwärtsgehen.

Der Wagen kommt immer näher. Dann wird er plötzlich langsamer. Steht mitten auf dem Feld. 300 Meter entfernt. Stummes Blaulicht.

»Hä?«, sagt der Arzt.

»Was haben die jetzt?«

»Weitergehen«, sagt Taizétyp und wir gehen weiter.

Dann fängt er plötzlich an zu lachen.

»Wir sind schon in Deutschland! Hier irgendwo ist die Grenze. Die dürfen nicht mehr rüber!« Hahahahaha. Wir lachen und jubeln. Hahaahahaaha! Doofe Schweizer. Hahaahaha!

Oh, oh.

Da kommen schon die Deutschen.

»Ok Leute. Ganz ruhig bleiben jetzt, ganz ruhig bleiben.«

Knirschende Reifen. Knackendes Funkgerät. Der Wagen bleibt vor uns stehen. Zwei trittfeste Polizisten steigen aus. Panzerwesten, Sonnenbrillen, Pistolen.

»Was wird das hier?«, fragt der große Blonde.

Ich gehe einen Schritt vor.

»Irgendwie muss man ja nach Deutschland kommen.«

»Personalausweise bitte.«

Wir kramen unsere Portemonnaies heraus.

»Das ist ein Führerschein«, sagt er zu mir.

Ups, haha, vergriffen. Ich finde meinen Perso. Er sammelt die Ausweise ein, gibt sie dem kleinen Kollegen. Der verschwindet damit im Wagen.

»Wo kommen Sie her?«, fragt der Große.

»Zürich.«

»Basel.«

»Biel.«

»Frankreich.«

Wir sind Verhörte.

»Und Sie sind gelaufen?«

»Ich würd dat wohl kaum freiwillig –«

»Da war nichts abgesperrt?«

Nö. Nein. Nee.

»Wo wollen Sie hin?«

»Bonn.«

»Stuttgart.«

»Aachen.«

»Nach Hause.«

Sein Kollege kommt aus dem Wagen. Teilt die Ausweise wieder aus.

»Na dann«, sagt der Große.

»Ja, dann«, sagt der Kleine, »steht Ihrer Weiterreise eigentlich von unserer Seite aus im Prinzip nichts mehr im Wege.«

»Schönen Tag noch«, sagen beide, steigen wieder in den Wagen und fahren über die Felder zurück zum schwarzen Kasten.

»Hätten uns wenigstens vorfahren können.«

Aber man darf sich nicht beschweren. Wir sind Privilegierte.

●

Die App vermeldet Schienenersatzverkehr, aber ab wo? Ab Bietingen.

»Hier müsste es sein«, sagt Taizétyp, als wir den Dorfrand erreichen.

Zwei Rentnerinnen mit Kurzhaarschnitten bleiben stehen und gucken. Schirmen das Sonnenlicht mit ihren Händen ab.

»Konn mo Ihne helfe?«

»Ist hier gerade ein Bus langgefahren?«, fragt Taizétyp.

Ein Mann mit nacktem Oberkörper steht am Geländer seines Balkons.

»Hier isch den ganze Tag kein Bus longgefore. Des hätten mor gesehe.«

»Joa. Des hätten mor gesehe«, sagen die Frauen.

»Et is ein Wahnsinn«, sagt der Arzt.

Der Zürcher setzt sich ins schattige Wartehäuschen.

»Jemand Sonnencreme?«, frage ich.

Taizétyp will sich im Ort erkundigen. Aber Zürcher hat schon was rausgefunden. Da klebt ein Schild im Wartehäuschchen: Ihr Weg zum Schienenersatzverkehr.

»Nee nä!«, Arzt wird hysterisch.

Taizétyp lacht nicht. Zürcher fotografiert den Zettel ab. Wir folgen jetzt ihm.

Vorgärten, heruntergezogene Rollläden. Ein Bagger steht reglos auf der Straße vor einem angefangenen Loch. Es ist wie Sonntag.

»Hier müsste es sein«, sagt Zürcher, als wir die neue Haltestelle erreichen.

Taizétyp sucht gleich die Innenwand des Häuschens ab. Er wird fündig. Hinweis: Schienenersatzverkehr ab sofort ab …

»Et ist ein WAHNSINN!« Arzt schlägt die Hände überm Kopf zusammen. »Wie war dat? Passierschein A 38?«

Wir mögen alle Asterix.

Wir gehen die Straße wieder runter, biegen woanders ein. Jägerzaun und Buchsbaumhecken. Ein H-Schild wackelt auf dem Bürgersteig.

»Da steht, der Bus kommt in 30 Minuten«, sag ich.

»Ich würd noch mal Bier holen«, sagt der Arzt. »Noch wer?«

»Ich«, sage ich.

Am Ende der Straße geht ein Zeitungsjunge, zieht einen Wagen hinter sich her. Sein rotes Käppi kommt immer näher, bis es direkt vor uns leuchtet. Er mustert uns und das Gepäck. Keck.

»Gibts hier 'n Supermarkt?«, fragt der Arzt.

»Ja!«, sagt der Junge. »Da drüben.«

»Also nicht weit von hier?«, fragt der Arzt.

»Lidl«, der Junge grinst. »Is grad voll cool da.«

Er grinst. »Voll leer.«

Er grinst. »Die Schweizer kommen ja nicht mehr.«

Er grinst. Wir nicken. Dann kehrt er um. Der rote Punkt entfernt sich, Haus für Haus.

»Ratet mal, wie lange wir von Schaffhausen bis hier gebraucht haben«, sagt Taizétyp.

Ein Mann in Dolce & Gabbana-Hose, Tommy-Hilfiger-Shirt, Nike-Schuhen und verspiegelter Sonnenbrille kommt an die Bushaltestelle. Zehn Meter neben uns bleibt er stehen. Guckt.

»Lamm und Hasen?«, fragt Taizétyp.

Der Gabbana-Mann fühlt sich gleich angesprochen. Hebt die transparente Plastiktüte in seiner Hand hoch. Ich erkenne den Inhalt, die Form.

»Zum Backe.« Er lacht. »Und ihr?«

Taizétyp berichtet.

»Is das nich verbode?«

Arzt kommt zurück. Öffnet ein Bier, stellt das andere vor sich auf dem Bürgersteig ab.

»Warscht Bier hole?«, Gabbana-Mann nickt anerkennend.

»So siehts aus«, sagt Arzt.

»Beim Lidl?«

Ich starre die Dose an, bis der Arzt sie mir gibt.

Dann kommt der Bus. Schuckelnd fährt er uns zum Bahnhof in Singen.

»Wusstest du, dass Licht und Schatten das Leben gestalten?«, fragt mich Taizétyp in der Bahnhofsunterführung. Ich glaube, ich schiele.

»Dies ist der Maggi-Tunnel«, sagt er. Das steht da an der Wand. Hinter uns reden Zürcher und Arzt über Aktienkurse.

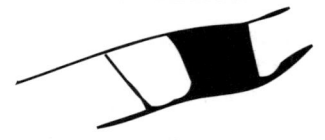

Bahnsteig Singen, 16:35 Uhr. Ich muss langsam aufs Klo. Zürcher auch. Er findet ein silbernes WC-Haus. Ich passe auf sein Gepäck auf. Danach passt er auf meins auf.

Arzt verschwindet im Backshop. Taizétyp, Zürcher und ich sitzen am Gleis. Blick auf die Maggi-Fabrik gegenüber. Taizétyp redet von einem Freund, der als Profiverkoster bei Knorr isst.

»Heute morgen hab ich überlegt«, sagt Zürcher plötzlich, »ob ich ›Passen Sie auf sich auf!‹ in der Mail jetzt mal weglasse. Oder ist das schon unhöflich?«

»Er darf keine Fertigsachen essen, sonst gehen seine Geschmacksknospen kaputt.«

»Ich finde nicht«, sage ich.

»Keine Chips oder so.«

»Ich habs dann doch geschrieben.«

»Mmh«, mach ich.

»Ich war vier Wochen allein«, sagt Taizétyp laut.

»Ich auch«, sage ich lauter.

»Aber du hast dich mit Freunden getroffen«, sagt er.

»Nein«, sage ich.

»Doch. Du hast gesagt, du hast gearbeitet.«

»Genau.«

»Aber du hast deine Kollegen gesehen.«

»Nein.«

»Was machst du?«

»Hab geschrieben.«

»Du meintest, du hast gearbeitet.«

»Ja, schreiben ...«

»Brezeln gehen immer.« Arzt kommt mit überdimensionalem Gebäck zurück.

Die Regionalbahn rollt ein. Taizétyp geht allein nach oben, aus Sicherheitsgründen. Arzt, Zürcher und ich bleiben unten.

Der Kontrolleur kommt. Gockelbrust, Papageienfrisur.

»Sie stehen auf demselben Ticket?« Er fragt den Arzt und zeigt auf mich.

»Nein.«

»Nein.«

Wenig später schläft der Arzt. Ich rieche seine Fahne schon länger nicht mehr. Hab wohl selber eine.

»Was auch gut ist«, sagt Zürcher leise und reicht mir ein Buch durch den Gang, »dieses hier.«

»Ist das ...?« Ein geheimer Klassiker aus dem 19. Jahrhundert. Wer außer mir hat dieses Buch jemals gelesen?

»Ja ... das ... das ... das kenn ich auch«, flüstere ich.

Er schmunzelt. Schaut aus dem Fenster. Ich suche nach interessanten Dingen, die ich erzählen kann.

Taizétyp kommt auf dem Weg zur Toilette an uns vorbei.

»Sagt dem, er soll mir dann 20 Euro auf Paypal überweisen«, er zeigt auf den Arzt. »Fürs Kofferschleppen.«

Die Fahrt dauert zwei Stunden. Ich schlafe fast ein.

Um halb acht steigen wir in Stuttgart aus. In der Vorhalle zeigt Zürcher auf die Anzeigentafel. »Da steht dein Zug. Bonn.«

»Komisch«, sage ich. »Hat die App nicht angezeigt.«

Wir warten auf den Arzt. Er ist noch immer mehr Gepäck als Mensch. Ich nehme ihm einen Koffer ab. Wir müssen in dieselbe Richtung weiter.

»Na dann«, sagt Zürcher, »gute Weiterreise noch.«

»Tschüss«, sage ich.

»Ciao!«, sagt der Arzt.

»War voll nett«, sage ich.

Zürcher verschwindet in der Unterführung.

Voll nett hallt in mir nach.

Mein Telefon klingelt.

»Wo steckst du?«

»Stuttgart.«

»Oh.«

»Bin jetzt im Zug. Der fährt um Viertel vor acht. Wann bin ich dann da?«

»Warte.«

Ich höre wie jemand am anderen Ende auf Tasten eintippt, mein jemand.

»23:55.«

»WAS?«

Der Arzt manövriert seine Sachen neben mir auf die Sitze.

»Und Aachen?«

»Wieso Aachen?«

»Erklär ich dir später.«

»Moment. Ja, da gibt's nen schnelleren.«

»Du«, sag ich zum Arzt. »Da gibt's noch nen schnelleren Zug für dich.«

»Ernsthaft?« Er überlegt gar nicht. Er schmeißt seinen Kram wieder aus dem Zug. »Hey! Danke nä!«

Kurz darauf sehe ich ihn auf dem Bahnsteig einen Herrn ansprechen.

Der Schaffner pfeift. Mein Zug fährt ab.

»Bist du noch da?«, frag ich ins Telefon.

»Ja.«

»Zug fährt!«

»Also ich *glaube* der andere geht nach Aachen. Hier ist so ein Warnhinweis.«

Ich gehe bis in den letzten Wagen. Der Zug gehört mir ganz allein. Das Bordbistro hat nur für mich geöffnet. Da liegen Plastikplanen über den Sitzen und Tischen. Zwei Angestellte räumen was rum. Der Mitarbeiter hinter dem Tresen trägt weiße Latexhandschuhe.

»Haben Sie auch Weißwein?«, frage ich ihn.

»Nur die Magnumflasche«, sagt sein rheinischer Kollege.

»Gibt schlimmeres«, sage ich und schiebe einen 20-Euroschein unter der Plastikwand durch.

Der Mitarbeiter rührt das Geld nicht an.

»Nur passend!«, hör ich ihn hinter der Maske sagen.

Ich lege eine Menge Kleingeld hin. Nehme den Wein.

Gehe durch die leeren Waggons zurück an meinen Platz. Wisch mir den Staub aus den Augen. Desinfiziere mir die Hände. Schenk mir ein Glas Vino ein. Trinke einen kühlen Schluck. Aaah.

Schaue aus dem Fenster. Hinter Windowshügeln geht die Sonne unter.

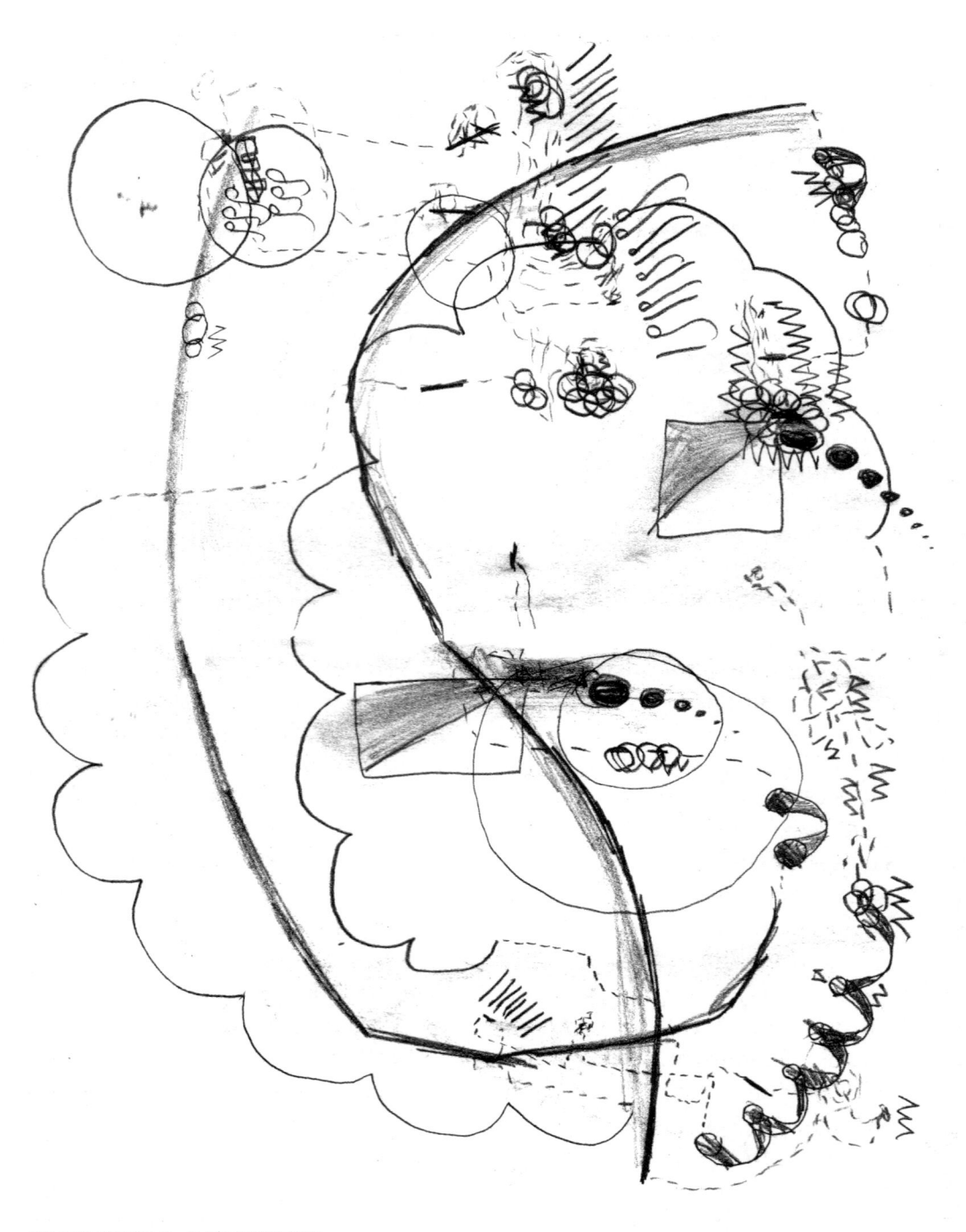

DONNERSTAG, 7. DEZEMBER

Virtual Walking oder Das Gehen im Zeitalter seiner technischen Reproduzierbarkeit

Wenn das Gehen sich dadurch auszeichnet, dass es im Gegensatz zum Laufen keine Flugphase gibt, dann kann das, was ich an einem späten Freitagvormittag in der Park Avenue in Manhattan betreibe, nicht als solches bezeichnet werden. Denn meine Füße kann ich nicht einmal aufsetzen, ich bin weder eine Person, noch habe ich sonst einen Körper – und doch bin ich nicht nichts, denn gelegentlich sehe ich mein schwarzes Auge in Schaufenstern oder Autoscheiben gespiegelt. Wahlweise gleicht die Fortbewegung dem, was ich mir als Surfen oder als Fliegen in einem Düsenjet vorstelle: Die Sicht verschwimmt und Gebäude ziehen in verzerrten Schlieren an mir vorbei, bis der Flug rasant unterbrochen wird. Dann plötzlich bin ich trotz allem ganz Flaneur, der innehält, die Umgebung beobachtet und versucht, Blicke in fremde Zimmer zu werfen – wenn sie nur nicht so verdunkelt wären. Ein Mann, der neben mir an einer Ampel steht, stemmt die Hände in die Hüften, während mir kosmopolitische Gedanken durch den Kopf gehen: »Wer noch nie in New York war«, setzt die innere Sprachmaschine an, »hat etwas verpasst«, ist einer dieser seltsam dominanten Sätze, dessen Herkunft mir zwar schleierhaft ist, der mir jedoch so abgegriffen erscheint, dass ich ihn sofort wie Hustenschleim auswerfen möchte, wenn ich auch schmunzeln muss. Komik und Tragik liegen hier nah beieinander, denn ich bin natürlich nicht in New York City, zumindest nicht nur, sondern sitze zugleich an meinem Schreibtisch in Berlin, während ich mit Google Street View meinen urbanen Sehnsuchtsort erkunde.

»Wer noch nie in New York war, hat etwas verpasst.« Dieser mir in den Sinn gekommene Gedanke löst Unbehagen aus: die Abgegriffenheit und die behauptete Überlegenheit, anderen etwas voraus zu haben, etwa einen gewissen Erfahrungsschatz. Dennoch: Der Satz erscheint einfach so und nötigt mich zu anderen Überlegungen, verlangt mir eine Reaktion ab, und sei es nur Verdrängung. Anstatt ihn jedoch einfach zu verwerfen, gehe ich diesem Gedanken nach, wie ich zum Beispiel eine Straße dieser Stadt entlang gehe, denn mir gefällt die Metapher des Denkens als Gehen. Wohin wird mich der Gedanke führen? Googles Algorithmus zeigt mir vor allem ein Ergebnis: Udo Jürgens' 1982 veröffentlichter Song »Ich war noch niemals in New York«. Die Ernüchterung ist angesichts dieses

Treffers groß, doch beim erstmaligen Hinhören stelle ich fest, dass dieser Song die Black Box der Sehnsucht schlechthin ist. Der Protagonist, den Jürgens melancholisch in seinem Schlagerhit besingt, träumt ebenfalls davon, seinem Alltag zu entkommen und einmal in New York, auf Hawaii zu sein, in »zerrissenen Jeans« durch San Francisco zu gehen. »Einmal verrückt sein und aus allen Zwängen fliehen«, säuselt Jürgens. Die Momentaufnahme des Ausbruchs endet, indem der Protagonist ins bekannte, »neon-helle Treppenhaus« zurückkehrt, zu »Bohnerwachs und Spießigkeit«, zur herrischen Frau. Es ist unklar, ob der Song eine Persiflage auf die heteronormative Tristesse sein soll, manchmal ist er auch seltsam berührend, tragisch gar, eine songgewordene Chiffre des endlos sehnsüchtigen Selbst, dessen Ausbruchsphantasien niemals erfüllt werden. Obwohl ich in den virtuellen Weiten herumstreife, um die gegenwärtigen Unwägbarkeiten zu umgehen, die das Gehen draußen zur Gefahr machen, scheint mir nun, dass es noch weitere, viel offensichtlichere Gründe für die Begehung des virtuellen Raums gibt. Während Jürgens' Protagonist noch an das Flugzeug gebunden war, das ihn in die Ferne bringen musste, setze ich mich in der Hoffnung an den Computer, dass meine Ausbruchsphantasien, die chronischen Sehnsüchte endlich erfüllt werden.

Zwischen virtueller und physischer Präsenz scheint mein Gehirn jedenfalls keinen Unterschied zu machen. Es ist so übermannt von dieser medialisierten Welt auf dem Screen, dass alles noch so Triviale und Ikonische hyperaufmerksam gescannt wird – viktorianische Stadthäuser neben marmorierten Wolkenkratzern gefallen aufgrund des starken Kontrasts; Feuerleitern, Portiers und Einbahnstraßenschilder springen ins Auge. Ich begegne Menschen mit verschmierten Köpfen, die in Autos und auf Bürgersteigen sitzen, an gelben Ampeln warten, Menschen, die auf Smartphones starren. Nichts Großes, Weltbewegendes also, aber: New York! Wahnsinn.

Von Manhattan springe ich nach Williamsburg, erkunde die Zeichen der Moderne, des Trends, die lediglich Spielarten derer in Berlin zu sein scheinen. Erkennbar sind die hippen Orte schnell, sie gehorchen scheinbar universellen Gesetzen in einer globalisierten Welt. Die seriöse Farbwahl wie auch die teuren, importierten Marken der am Straßenrand parkenden Autos machen keinen Hehl aus dem Luxus dieses Viertels, das durch seine Sauberkeit glänzt. Bars, Galerien und kleine Cafés in ruhigen Straßen unter Schatten spendenden Bäumen laden zum Verweilen ein – von diesem Konsumangebot regelrecht getriggert mache ich mir einen Kaffee und setze mich in die Küche, esse zwei Scheiben Käsebrot und rauche eine Zigarette. Gestärkt geht's auf den McGuinnes Boulevard, eine ziemlich stark befahrene Straße. Zwar sehr grün, aber die Autos stören, den Lärm der Lastwagen kann ich nahezu hören, sodass ich bald in eine ruhige Nebenstraße abbiege, die Meserole Avenue, die von dicken Ästen überdacht ist. An den stets fabelhaften, backsteinernen Eckhäusern, die Erinnerungen an die industrielle Moderne mit ihren gesellschaftlichen Transformationen wachrufen und der Straße einen musealen Charakter verleihen, kann ich mich nicht sattsehen, überlege spontan, eine Philosophie des Eckhauses zu schreiben, vielleicht ein mögliches Dissertationsthema, wenn es nicht schon längst behandelt wurde?

Die Reproduktion, so hat es Walter Benjamin in seinem kanonischen Kunstwerk-Aufsatz zu Beginn des vorigen Jahrhunderts formuliert, verändert die Wahrnehmung der Kunst. Googles Panoramadarstellungen sind zwar keine Kunst, auch wenn sie ein kontinuierlich erweitertes, umfangreiches Materialarchiv darstellen, das etwa von dem Fotografen Doug Rickard oder den Performancekünstlern Ben Kinsley und Robin Hewlett ausgiebig genutzt wird. Dennoch drängen sich Analogien zur Reproduktion des Kunstwerks und des Gehens auf, denn klar ist auch, dass die Wahrnehmung, etwa die Sinneseindrücke, beim virtuellen Gehen verfremdet werden: So ist etwa das Bild oft verzerrt, außerdem rieche, schmecke, höre und fühle ich nur meine Berliner Gegenwart, nicht jene New Yorks.

Meine Wahrnehmung jedoch verändert sich in der reproduzierten Welt nicht gänzlich, wie ich wiederholt feststelle, zum Beispiel, wenn ich meine Figur in die Bronx setze. In Hunts Point, dem Stadtteil, in dem ich jetzt gelandet bin, kann ich Spuren des Verfalls wahrnehmen. In einem der ärmsten Viertel New Yorks schwindet die Unbeschwertheit, mit der ich noch durch Williamsburg und Manhattan wie durch eine Mall oder ein Museum gelaufen bin, weil sich dieser Ort nicht für Vergnügungsaktivitäten anbietet. Einst ein begehrter Stadtteil, veränderten sich Strukturen in Hunts Point in den 1970ern rasant, weil industriebedingt weitflächig Autobahnnetzwerke installiert wurden, sodass wohlhabende Bewohner in andere Gegenden zogen und Hauseigentümer überdies ihre Immobilien reihenweise in Brandt setzten, um den Versicherungsbetrag einzuheimsen, wie ich im Internet lese. Um der dadurch um sich greifenden Verwahrlosung, dem Drogenkonsum und der steigenden Kriminalitätsrate etwas entgegenzusetzen, soll nun durch Selbst-Gentrifizierung die Gestaltung dieses aus Parkplätzen und Garagen bestehenden Nicht-Ortes, in dem die sozial Schwachen leben müssen, von den Anwohnern selbst organisiert werden, indem Cafes, Parks und sonstige gemeinschaftliche Orte geschaffen werden, in denen Begegnungen stattfinden können. »It's not the development that's the problem«, entgegnet die einheimische Initiatorin Marjora Carter der Kritik daran. »It's how the development happens, who does it.«

Ob die Bekämpfung des Markts mit seinen eigenen Mechanismen wirklich die Rettung sein wird oder aufgrund steigender Mieten die Einwohner zum Auszug zwingen wird, steht auf einem anderen Blatt. Die Frage nach den Produktionsbedingungen, die Carter stellt, nach dem Wie und dem Wer, hallt jedoch nach, betrifft auch mich, der mittels eines kalten Auges einer technischen Apparatur die Orte erkundet, ohne seinen soziokulturell geformten Blick auf das Andere legen zu können: In Hunts Point etwa sehe ich, wenn überhaupt, größtenteils männliche, arbeitende People of Colour, die vor Fabrikhallen und Autogaragen arbeiten, die meisten tragen Arbeitskleidung, fahren und entladen Trucks, schlafen auf der Straße. Wie es den Menschen geht, die in Hunts Point wohnen, die dort leben und arbeiten müssen, weiß ich jedoch nicht, denn ich kann nur sehen, aber mit niemanden reden, habe nur Zugriff zu Zeitungsartikeln, die wiederholt die miserable Infrastruktur und die eingeschränkten Lebensbedingungen dieses Stadtviertels betonen. Trotzdem muss es auch hier Begegnungen der Liebe, des familiären Zusammenhalts und der freundschaftlichen Nähe geben, die für mich im Verborgenen bleiben. Vielleicht ist es der Ort, an dem die ewig Sehnsüchtigen reproduziert werden. Vielleicht aber auch nicht. Meine Ausbruchsphantasie jedenfalls wird hier nicht erfüllt, ganz im Gegenteil: Obwohl ich nicht vor Ort bin, komme ich mir vor wie ein Fremdkörper, da der Ort nicht zum Betrachten, sondern zum Arbeiten gemacht scheint.

Zum Abschluss gehe ich noch in bekanntere Gegenden. Ich besuche die berühmte Autorenbar KGB, in der, neben anderen, einst David Foster Wallace gelesen hat. An den Wänden hängen Artefakte der sozialistischen Geschichte, bereit, von mir betrachtet zu werden. Während ich auf YouTube dem Barkeeper zuhöre, der aus seinem Kneipenalltag berichtet, trinke ich ein Bier und merke, dass mich die kleine Reise auch ohne zu gehen geplättet hat. Ich bin etwas aufgekratzt, die Eindrücke meiner Entdeckungen überfordern mich, das Gehirn ist lahm, ganz so, wie ich es nach ausgiebigen Streifzügen durch Städte mittlerweile gewohnt bin. Eines jedoch geht eindeutig verloren beim Flanieren in der reproduzierten Welt, die Aura, dieses »sonderbare Gespinst aus Raum und Zeit«, wie Benjamin schreibt, die Einzigartigkeit des gegenwärtigen Moments verflüchtigt sich. Nur hier und jetzt, beim Fahrradfahren in der realen Welt, kann ich das Ensemble dessen, was sich Gegenwart nennt, als Fahrtwind und Flimmern spüren, kann ich das Quietschen meines Rads hören, das sich unter die flüchtigen Zeichen dieses Lebens mischt.

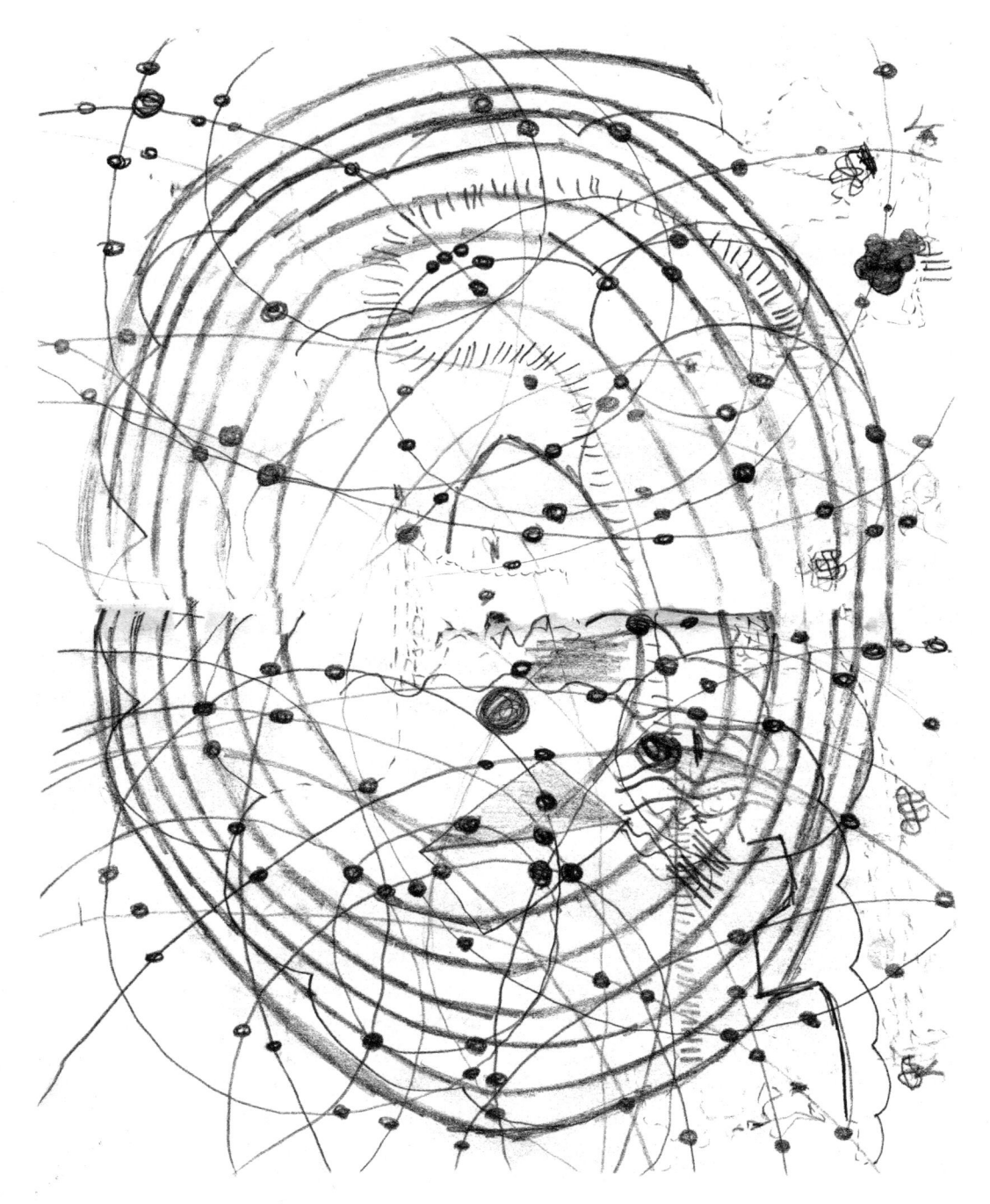

DIENSTAG, 2. JANUAR

Manifest
für die East Side Mall

Ihre Ästhetik gehorcht den Regeln des Parametrismus. Dabei handelt es sich um einen neuartigen architektonischen Stil, der von den Möglichkeiten der CAD-Systeme inspiriert ist. Der Parametrismus negiert den reduzierten Neo-Neo-Klassizismus der 1990er-Jahre und tauscht die Ordnung der sogenannten klassischen Architektur gegen frei fließende Assemblagen pseudofuturistischer Formen. Parametristen und -innen argumentieren mit einer »Eleganz geordneter Komplexität« und dem »Eindruck nahtloser Fluidität«. Eigenschaften, die auch in natürlichen Systemen vorkommen, so der Parametrismus-Pionier Patrik Schumacher. Manche Parametristen vermögen in der Bauweise gar den Kollektivismus unserer sozialen Netzwerke zu entdecken. Es ist die totale architektonische Moderne. Sie will nicht nur Blick, sondern Vorstoß in die Zukunft sein. Passanten hingegen hassen dieses »Produkt«. Für sie ist folgende Sezierung gedacht.

Die an der Warschauer Straße kürzlich fertiggestellte Eastside Mall, die neunzehnte oder zwanzigste ihrer Art in Berlin, ist bislang ein jungfräuliches Bauwerk. Folgende Charakteristika sind ihrem Inneren eigen:

1. Mangel an indexikalen Hinweisen: Es fehlen Gerüche, Geräusche oder Oberflächen, die einen Rückschluss auf den Ort des Geschehens geben könnten. Stattdessen: Diese Welt existiert nicht wirklich. Sie ist austauschbar; die Szenen könnten sich in Rotterdam, in Rom oder ganz woanders abspielen.

2. Erotik des Nagelstudios: geschwungene Formen, reinlich, desinfektiös. »Arts de la Table«: ein frisch gedeckter Tisch, der die Modi von Fressen und Defäkation ausblendet.

Die Mall ist unnötig, folglich meistens leer. Die Angestellten des Einzelhandels (Hygieneshop, Hutmacher, H&M) haben nichts zu tun. Gelangweilt stehen sie an den Balustraden und träumen sich in die pink fermentierte, formal abgerundete Landschaft aka Flaniermeile aka Leere hinein. Sie stehen im Freeze; sie sind so posingambitioniert. Es ist, als müssten sie mir ihr Menschsein, ihre natural existence, erst noch beweisen. Sie bewegen sich, als ahnten sie, dass sie nicht existieren. Are they literally just rendering? Ihre Langeweile ist die vollendete Form der Ewigkeit.

Dies ist der Ort, an dem Computersimulation und Realität zusammenfallen. Etwas, das zugleich Karte und Gebiet ist. While the »swoops and bends and twists« of digital design can be tempting, they often »seem disconnected from anything other than their own, computer generated reality«. (Paul Goldberger in: *The New Yorker*, 12. März 2001)

Zoom auf die umliegenden Townhouses: Bereits fertig gerenderte Büsche in Ball- oder Quadratform. Der Slogan hierzu: »Wohnen wie Sophie Charlotte«. Heißt: Prosecco und Pavarottiabende und die Pferdekutsche im Hinterhof. Diese Fiktion ist ihre eigene

Poesie. Im dazu passenden Werbefilm sehen wir eine städtische Sophie Charlotte des 21. Jahrhunderts, die potenzielle Bewohnerin eines Townhouses beim Einkaufen im Edeldiscounter. Ihre Attribute: nett, aber vermutlich ohne primäres Geschlechtsorgan (»secondary element interface«). Wenn sie spricht, hört es sich entfernt nach Simlisch an (die semantisch absolut sinnfreie Sprache im Computerspiel »Die Sims«). Diese Werbefilme stellen das Level nach der Stockfotografie dar. Darin: gerenderte, generische Menschen, die so tun als seien sie lebendige Wesen in einem natürlichen Umfeld, das noch entstehen wird (»high end utopia«). Ich bin verliebt in diese gerenderte Sophie Charlotte in ihrer bizarren, für mich nicht erfahrbaren Welt. Es ist ein imaginierter Kosmos, von dem ich kein Teil bin, ein Kosmos, der noch gar nicht existiert. Die Werbevideos für das Areal beinhalten:

1. Rendering-Sophie an ihrem Flügel im Wohnzimmer
2. Leise spielende Kinder am Springbrunnen im Garten (»cute«)
3. Leicht bekleidete sweete City-Girls auf der Dachterrasse mit obligatorischem Swimming Pool; ihre Verruchtheit ist aber keine echte Dirtyness

Das Rendering hat folgende Funktion: Es soll ein Rahmen zum Träumen sein. Die Zeichner von Renderings haben die Vorliebe, ihren Figuren das Aussehen von Toten zu geben. Gelegentlich aber scheinen diese gerenderten Wesen zurückzuschauen. Ihre Blicke sind kritisch, manchmal erschöpft und müde. Ihr Blicken ist ein Vakuum. Diese Totenverehrung ist so »live laugh love«, La-La-Landisierung von Welt. Dort ist alles cute und zany; Sexualität wird mit Instagramability gleichgesetzt. Da wird man später noch sagen: Das war eine richtig potente Biografie.

Eine potenzielle, verführerische Annäherung an das Rendering könnte so aussehen:

a.) »Ich weiß, ich klinge wie ein Spambot, aber dennoch ich bin sehr froh um Ihren Blog xoxo HAPPYFACE sorry.«
b.) »Ich weiß, ich klinge wie ein Spambot happyface. Es tut mir Leid, ihr Aussehen hat mich zum Lieben motiviert.« Und wenn Sie das nicht glauben, checken Sie doch ein paar nicht existente Wesen unter thispersondoesnotexist.com. Wissen die etwa nicht, dass sie nicht existieren? Wenn die Kommunikation mit der gerenderten Spezies erst möglich wird, gibt es dann virtuosere Captchas wie »prove yourself that you're human«? Dann muss ich mir auch noch mein Menschsein beweisen! Lassen Sie Ihre Reality checken, in etwa durch folgendes Phänomen: Trap Streets, Trap Signs. Das sind Straßen, die von Kartographen gemacht werden, um ihr Copyright zu schützen – Fakestraßen, die es gar nicht gibt (»digital camouflage«). Gehen Sie weiter, es ist nur eine »Trap Mall« von vielen. »The modern world has always been complicated. But right now the complexity is hidden from me, it's veiled behind the artfully contrived simplicity of the screen, the user-friendly, frictionless interface.«

(Nicholas Carr in: *The Glass Cage*)

Dieses Eyecandy, ich liebe dieses Starren. Solarplexus meines Verstands.

Wölleckes Urban-Walking-Wochen (|T|)

CHRISTIAN WÖLLECKE

Eine riesige Pfütze auf dem Weg.

Die Christel walkt mitten hindurch, das Wasser schießt in gewaltigen Wellen seitlich hoch. »Das muss so«, erklärt sie mit hochrotem Kopf. Sie wirft mir ein Schreiben hin, das ich gerade noch so auffangen kann, während ich versuche, meine Walkingstöcke nicht zu verlieren. »Da, guck, Lupe will mir kündigen. Alles deine Schuld.« Sie starrt, die Augen treten ihr aus dem roten Gesicht. Dann kreischt sie plötzlich, dann lacht sie. »Ein Brief von Lupo, unserem Schupo.« Die Gitti, die mitwalkt, lacht ebenfalls hysterisch auf. Vorne macht Glenn unerbittlich Tempo. So ein Walking-Lance-Armstrong mit gelbem Bändchen am Handgelenk und wippenden Flechtzöpfchen. Ich bin mehr als erstaunt, wie sich die Christel verändert hat, seit sie sich der Urban-Walking-Bewegung angeschlossen hat. »Der Glenn«, sagt sie, »der Glenn weiß es besser als jeder andere.« Der Glenn trägt so eine orange Sonnenbrille wie dieser holländische Mittelfeldspieler damals. Dann holt die Christel noch einen knittrigen Brief raus – keine Ahnung, wie sie das während des Walkens hinkriegt. »Und der hier ist vom Wasserwart. Sie stellen das Wasser wieder an. Was denn nun, frage ich euch? Mich aus meinem Garten schmeißen oder mir das Wasser andrehen? Können die sich mal entscheiden?« Jetzt guckt sie wieder zu mir. Mit einem harten, kalten Klacken treffen die Walkingstockenden der Christel auf den Asphalt. Ihre Wut gibt ihr die Power, mit Glenn mitzuhalten. Ich raschle mit den Briefseiten, japse. »Urban Walking«, hat die Christel gesagt, »ist der Fitmacher. Ist ja auch logisch. Der Körper muss dabei ja viel mehr Sinneseindrücke verarbeiten und verbraucht deshalb mehr Energie. Ein großer gelber Bus – das sind locker 25 Kalorien, so ein Piepmatz oder eine Feldmaus, da verbrauchst du höchstens 1 Kalorie, wenn du die anschaust.« »Mädels«, ruft Glenn, »nicht schnattern, walken.« »Tschuldigung,

Glenni.« Die Christel flötet so, sie ist gar nicht mehr wiederzuerkennen. Sie hat sogar einen Brief an Winkels geschrieben, um sich für meinen Faustschlag auf dem Gartenfest zu entschuldigen. Ich musste unterschreiben. Schlimm. Widerlich. Was ist nur mit der Christel los? Da, eine Taube. Ein Hund. Das ist Ray. Nur Christels Ray. Kein anderer Hund. Ray, Ray, Ray. Ray Donovan. So hieß eine Mutter in der Kita, die niemals lachte. Ich habe sie so genannt. Wer wissen will, was es damit auf sich hat, muss Ray Donovan schauen. Ray Donovan lacht nie. Jetzt wechsle ich gerade die Ebenen. Kolumnen-Wöllner, Wöllner-Wöllner, grundverschiedene Dinge. Schon wieder ein Vogel. Die donnern einem durchs Hirn mit ihrem Trilleri, es ist nicht zu fassen. Von wegen keine Natur. Eine Fassade spiegelt und ich schaue uns zu, die Christel, Gitti, in einem viel zu engen Leo-Dress, auf der anderen Seite fährt eine Familie vorüber, zwei Fahrräder, bunt gescheckte Winterjacken, Helme, das Laufrad des Sohnes ist aus Holz, billige Baumarkträder, das erkenne ich auf einen Blick, seit ich bei Alessandro im Fahrradladen gejobbt habe, aber das ist viele Jahre her … Die Christel schmeißt ihren Kopf herum und brüllt: »Was laberst du?« Was laberst du. Sind wir Tiere? Das hat sie bestimmt von Glenn. Dunkle Wolken ziehen auf, ein Tropfen fällt, von meiner Nase, die Christel schmeißt angewidert ihren Kopf wieder nach vorn, in Laufrichtung, sie walkt stur geradeaus, von wegen Sinneseindrücke, manisch, sie ist noch immer (!) sauer wegen der Party, »Christel, bist du noch sauer wegen der Party?« Stille. Ray bellt. Da, ein Vogel! Eine Pfütze. Christel, Gitti und Glenn biegen scharf rechts ab, ins Kaffeehaus Dimmler. »Kaffee extrahiert«, sagt Glenn. Er trinkt ihn natürlich nur schwarz und handgebrüht. Die Tür schmeißen sie mir ins Gesicht, ein kalter Wind weht, ich stehe allein, jetzt kommt natürlich die Gänsehaut, die hilft mit beim Abnehmen, die Christel setzt sich mit einem Sahnewindbeutel ans Fenster, sie starrt durch mich hindurch, ich bin Luft, ich bin sicher schon 400 Kalorien leichter, ein Windhauch wie Springinkel, der eigentlich Roland heißt, was aber viele nicht wissen. »Christel«, japse ich noch in die Luft, Federgewicht Wöllecke, ein Spielball der Elemente im Wind des Zorns. Die nächste Kolumne muss eine versöhnliche sein. Oder kommt es für immer zum Bruch? Lesen Sie wieder rein!

CHRISTIAN WÖLLECKE THE END

MaroHefte Die neue Reihe

MaroHeft #1

Jörn Schulz (Text) **& Marcus Gruber** (Illustrationen)

Wer von euch ohne Sünde ist, der werfe das erste Quinoabällchen

Warum nachhaltiger Konsum das Klima nicht rettet

Ein käufliches Heft
36 Seiten · 5 Sonderfarben

MaroHeft #2

Oliwia Hälterlein (Text) **& Aisha Franz** (Illustrationen)

Das Jungfernhäutchen gibt es nicht

Ein breitbeiniges Heft
52 Seiten · 3 Sonderfarben

Essay & Illustration: Die MaroHefte
mit Original-Druckgraphiken in bis zu 5 Sonderfarben
Fadenknotenheftung und Schutzumschlag
18 Euro (D) · 18,50 Euro (A)

maroverlag.de

METAMORPHOSEN.
Magazin für Literatur und Kultur
Herausgegeben von
Moritz Müller-Schwefe und Michael Watzka

18. Jahrgang, Nummer 57, Neue Folge 27
(Juni — September 2020)
ISBN 978-3-95732-459-7

Redaktion
Philipp Böhm, Benjamin Fiechter, Oliver Heidkamp,
Sannah Jahncke, Moritz Müller-Schwefe (ViSdP),
Luzia Niedermeier, Lukas Valtin, Michael Watzka

Gestaltung
Sarah Käsmayr, nach einer Idee von
Lena Hegger und Luisa Preiss

Druck
Gallery Print

Namentlich gekennzeichnete Beiträge geben
nicht unbedingt die Meinung der (unabhängigen) Redaktion wieder.

Redaktion und Anzeigen
METAMORPHOSEN.
Moritz Müller-Schwefe und Michael Watzka GbR
c/o Moritz Müller-Schwefe
Pücklerstraße 29, 10997 Berlin
redaktion@metamorphosen-magazin.de

Verlag und Vertrieb
Verbrecher Verlag
Gneisenaustraße 2a, 10961 Berlin
redaktion@metamorphosen-magazin.de
Zur Zeit gilt Anzeigenpreisliste Nr. 3
vom 1. Januar 2018.

Erscheint dreimal jährlich
Einzelpreis 7,50 € zzgl. 1 € Porto
Jahresabonnement (4 Ausgaben, Deutschland, inkl. Porto) 30 €
Jahresabonnement (4 Ausgaben, Welt, inkl. Porto) ca. 50 €
Förderabonnement (4 Ausgaben, Deutschland, inkl. Porto) 50 €

Nachdruck nur mit Genehmigung der AutorInnen und mit
genauer Quellenangabe. Für unverlangt eingesandte Manuskripte
kann keine Haftung übernommen werden.

METAMORPHOSEN im Internet
magazin-metamorphosen.de
facebook.de/metamorphosen-online
twitter: @meta_morphosen

Feedback erwünscht:
redaktion@metamorphosen-magazin.de